DIREITO INTERNACIONAL

O GEN | Grupo Editorial Nacional reúne as editoras Guanabara Koogan, Santos, Roca, AC Farmacêutica, Forense, Método, LTC, E.P.U., Forense Universitária e Atlas, que publicam nas áreas científica, técnica e profissional.

Essas empresas, respeitadas no mercado editorial, construíram catálogos inigualáveis, com obras que têm sido decisivas na formação acadêmica e no aperfeiçoamento de várias gerações de profissionais e de estudantes de Administração, Direito, Enfermagem, Engenharia, Fisioterapia, Medicina, Odontologia, Educação Física e muitas outras ciências, tendo se tornado sinônimo de seriedade e respeito.

Nossa missão é prover o melhor conteúdo científico e distribuí-lo de maneira flexível e conveniente, a preços justos, gerando benefícios e servindo a autores, docentes, livreiros, funcionários, colaboradores e acionistas.

Nosso comportamento ético incondicional e nossa responsabilidade social e ambiental são reforçados pela natureza educacional de nossa atividade, sem comprometer o crescimento contínuo e a rentabilidade do grupo.

CELSO LAFER

DIREITO INTERNACIONAL

Um percurso no Direito
no século XXI

VOLUME 2

© 2015 by Editora Atlas S.A.

Capa: Leonardo Hermano
Composição: Formato Serviços de Editoração Ltda.

**Dados Internacionais de Catalogação na Publicação (CIP)
(Câmara Brasileira do Livro, SP, Brasil)**

Lafer, Celso
Direito internacional: um percurso no Direito no século XXI, 2 / Celso Lafer. – – São Paulo: Atlas, 2015.

Bibliografia.
ISBN 978-85-97-00220-1

1. Direito internacional I. Título.

15-06532
CDU-341

Índice para catálogo sistemático:

1. Direito internacional   341

TODOS OS DIREITOS RESERVADOS – É proibida a reprodução total ou parcial, de qualquer forma ou por qualquer meio. A violação dos direitos de autor (Lei nº 9.610/98) é crime estabelecido pelo artigo 184 do Código Penal.

Depósito legal na Biblioteca Nacional conforme Lei nº 10.994, de 14 de dezembro de 2004.

Impresso no Brasil/*Printed in Brazil*

Editora Atlas S.A.
Rua Conselheiro Nébias 1384
Campos Elísios
01203 904 São Paulo SP
11 3357 9144
atlas.com.br

*À memória do prof. **Herbert W. Briggs,** notável
internacionalista de quem tive o privilégio de ser
aluno na Universidade de Cornell.*

SUMÁRIO

Apresentação, ix

PARTE I

Direito Internacional Público, 1

1   A Declaração Universal dos Direitos Humanos: sua Relevância para a Afirmação da Tolerância e do Pluralismo, 3

2   Descaminhos do Mercosul: a Suspensão da Participação do Paraguai e a Incorporação da Venezuela – uma Avaliação Crítica da Posição Brasileira, 25

3   Métodos na Identificação do Costume como Fonte do Direito Internacional Público, 43

PARTE II

Direito Internacional Econômico, 53

4   O Papel das Presidências no Funcionamento da Organização Mundial do Comércio: uma Introdução ao Livro de Roberto Kanitz, *Managing Multilateral Trade Negotiations, the Role of the WTO Chairman*, 55

5   Reflexões sobre a Inserção do Brasil no Sistema de Solução de Controvérsias da OMC, 94

viii DIREITO INTERNACIONAL • Lafer

6   A OMC e os Blocos Regionais, 148

7   Subsídios Agrícolas e Regulação Internacional, 159

8   Sobre a UNCTAD, 164

9   Variações sobre a OMC, 169

10 Comércio e Finanças na Economia Internacional: Contrastes e
    Diferenças, 174

11 OMC: Presença e Persistência, 178

PARTE III

Direito Internacional Privado, 185

12 Sobre o Percurso, no Direito Internacional Privado, do prof. Jacob
    Dolinger, 187

13 Controle de Constitucionalidade da Lei Estrangeira, 199

14 Arbitragem: Homenagem a Guido Fernando Silva Soares, 210

Procedência dos textos, 214

APRESENTAÇÃO

O meu interesse, desde moço, tanto pelas Relações Internacionais quanto pelo Direito levou-me, naturalmente, ao estudo do Direito Internacional. Para isso contribuiu o estímulo intelectual do curso de Direito Internacional Público do prof. Vicente Marotta Rangel, de quem fui aluno no bacharelado. Foi por iniciativa do prof. Marotta que, depois do meu doutoramento em Cornell em 1970, iniciei, em 1971, as minhas atividades de docência no Largo de São Francisco. Dele fui, durante muitos anos, assistente, e devo ao seu apoio e confiança a oportunidade de, na década de 1970, lecionar não apenas na graduação, mas enfrentar o desafio da pós-graduação. Devo igualmente ao seu magistério a lição e o exemplo do rigor, da profundidade e da atualização no trato dos temas do Direito das Gentes, que são o marco identificador da sua trajetória de *scholar*.

O Direito Internacional é um direito em movimento. Por isso, como observa Bobbio, são relevantes as contribuições dos internacionalistas à Teoria Geral do Direito, posto que lidam com o fenômeno jurídico, não se circunscrevendo apenas à predominante estatalidade dos direitos internos. Daí o potencial de afinidades entre os estudiosos do Direito Internacional e da Filosofia do Direito. É o que se vê, por exemplo, na linha que vai de Grócio a Kelsen e que, na Faculdade do Largo de São Francisco, remonta ao magistério no século XIX de Avelar Brotero. Daí, também no meu percurso, a dialética da complementaridade entre estes dois campos do conhecimento jurídico, que explica os significativos vínculos entre este volume 2, que reúne estudos de Direito Internacional, e o 3, que reúne os de Filosofia e Teoria Geral do Direito. Explica, igualmente, os vínculos com o volume 1, sobre Direitos Humanos, pois uma das características do movimento do Direito Internacional no pós-Segunda Guerra Mundial foi o processo de internacionalização dos direitos humanos, que têm, como uma de suas fontes materiais, as rupturas provocadas pela "era dos extremos" dos totalitarismos.

O meu primeiro artigo de natureza universitária, no campo jurídico, data de 1968, insere-se no âmbito do Direito Internacional e intitulava-se "A condição de reciprocidade na cláusula facultativa de jurisdição obrigatória da Corte Internacional de Justiça".[1] No âmbito do Direito Internacional sempre tive grande interesse por Direito Internacional Econômico. É de 1971 o meu artigo "O GATT, a cláusula da nação mais favorecida e a América Latina",[2] possivelmente o primeiro texto de natureza jurídica sobre o GATT na biblio-

---

[1] Publicado em *Revista de Direito Público*, São Paulo, *3*:3-16, 1968.

[2] Publicado em *Revista de Direito Mercantil*, São Paulo, *10* (3):41-56, 1971; idem em espanhol em Orrego y Vicuña, Francisco (ed.), *América Latina y la cláusula de la nación más favorecida*, Santiago de Chile (Dotación Carnegie para La Paz Internacional), 1972; idem em espanhol: in Orrego y Vicuña, Francisco (org.), *Derecho internacional económico*, 1. México, Fondo de Cultura Económica; 1974, vol. 1, América Latina y la cláusula

grafia brasileira. O alcance e o significado do Direito Internacional Econômico foram o tema da minha livre-docência de 1977 no Largo de São Francisco, em Direito Internacional, publicada em 1979 (*O Convênio do Café de 1976 – da reciprocidade no Direito Internacional Econômico*, São Paulo, Perspectiva, 1979). Na livre-docência examinei o papel da reciprocidade na criação e aplicação de normas internacionais econômicas, ancorado na análise do Convênio Internacional do Café de 1976, que foi um paradigma do modelo jurídico dos acordos internacionais de produtos de base, concebidos e criados no pós-Segunda Guerra Mundial, como uma das vertentes do Direito Internacional do Desenvolvimento.[3]

Dei sequência, no correr dos anos, aos meus estudos de Direito Internacional Geral, aos mais específicos do Direito de Integração na América Latina, e data de 1998 o meu *A OMC e a regulamentação do comércio internacional – uma visão brasileira* (Porto Alegre, Livraria do Advogado, 1998), que foi instigado pela minha experiência de Embaixador do Brasil em Genebra de 1995 a 1998, período em que muito me dediquei à representação do nosso país na então recém-criada Organização Mundial do Comércio.

Este volume 2, do meu percurso no Direito, reúne textos elaborados num arco de tempo de 2008 a 2014, sobre o

---

de la nación más favorecida, p. 109-29; idem, *Boletim Brasileiro de Direito Internacional*, Rio de Janeiro, *28/30* (55-60:133-51, jan.-dez. 72/1974).

[3] Cf. Comércio internacional; fórmulas jurídicas e realidades político-econômicas, in *Revista de Direito Mercantil*, São Paulo, *13* (13):71-85, 1974; idem em espanhol: *Foro Internacional*, México, *19* (2):204-19, 1973; idem em espanhol: in Orrego y Vicuña, Francisco (org.), *Derecho internacional económico*, 2. México, Fondo de Cultura, 1974, vol. 2, Las Nuevas estructuras del comércio internacional, p. 127-168.

Direito Internacional. São, como o anterior, a expressão de um *work in progress* em torno deste campo de conhecimento jurídico ao qual me dediquei, no meu magistério na Faculdade de Direito da USP, concomitantemente com o de Filosofia do Direito, levando em conta a mencionada dialética de complementaridade que os aproxima.

Renovo os meus agradecimentos, registrados na apresentação do 1º volume, aos amigos e colegas Cláudia Perrone-Moisés, Fernando Menezes e Gustavo Monaco, que me ajudaram na empreitada da organização, seleção, revisão e formatação dos textos deste volume, assim como à D. Lia Faleck, minha colaboradora de tantos anos e a cuja qualificada assistência tanto deve a minha produção acadêmica.

Dedico este livro à memória do prof. Herbert W. Briggs, notável internacionalista de quem tive o privilégio de ser aluno na pós-graduação em Cornell.

O prof. Briggs, com rigor e vivacidade, no seu magistério do Direito Internacional combinava de maneira muito instigante a *living law* dos casos com os textos das normas internacionais e esclarecedores comentários da doutrina. É o método para o qual aponta o seu *The Law of Nature – cases, documents and notes* (2ª ed., N. York, Appleton – Century Crofts, 1952). Este método adquiria, com sua voz e presença em sala de aula e em seminários, a vida própria identificadora de um grande professor. Registro, assim, com afetuosa admiração, o muito que deve minha formação de internacionalista ao ensino, à orientação e à abrangência da obra do prof. Briggs.

São Paulo, maio de 2015.

Celso Lafer

PARTE I

Direito Internacional Público

1

A DECLARAÇÃO UNIVERSAL DOS DIREITOS HUMANOS: SUA RELEVÂNCIA PARA A AFIRMAÇÃO DA TOLERÂNCIA E DO PLURALISMO[1]

– I –

A Declaração Universal dos Direitos Humanos foi adotada e proclamada pela Assembleia Geral da ONU por meio da Resolução 217-A (III) de 10 de dezembro de 1948. É um desdobramento da Carta da ONU que contemplou, entre os propósitos da organização, "conseguir uma cooperação internacional para promover e estimular o respeito aos direitos humanos e às liberdades fundamentais para todos, sem distinção de raça, sexo, língua ou religião" (Carta da ONU, arts. 1, 3).

A Carta, ao consagrar entre os seus propósitos a internacionalização sem discriminações dos direitos humanos teve, como *vis directiva* do *pactum societatis*, nela institucionalizada, a "ideia da obra a realizar" – para falar com Hauriou (Hauriou, 1967, p. 14-15) – da construção de uma sociedade

---

[1] A Declaração Universal dos Direitos Humanos – sua relevância para a afirmação da tolerância e do pluralismo, in Maria Luiza Marcílio (org.), *A Declaração Universal dos Direitos Humanos – sessenta anos*: sonhos e realidades, São Paulo, Editora da Universidade de São Paulo, 2008, p. 27-43.

internacional não só de Estados igualmente soberanos, mas de indivíduos livres e iguais. É o que está dito, com clareza, no primeiro parágrafo do Preâmbulo da Carta, na reafirmação da "igualdade de direito dos homens e das mulheres, assim como das nações grandes e pequenas".

A Declaração Universal é a primeira grande e acabada expressão desta ideia da obra a realizar, pois na sua abrangência atribuiu, pela primeira vez em escala planetária, um relevante papel aos direitos humanos na convivência coletiva. Neste sentido pode ser considerada um evento inaugural de uma nova concepção da vida internacional. É, assim, um evento que guarda semelhança do que foi, a seu tempo, no plano interno dos Estados, com o início da era dos direitos no século XVIII, a passagem do dever dos súditos para os direitos dos cidadãos, para evocar a consagrada formulação de Norberto Bobbio (Bobbio, 2004, p. 114).

Esta passagem tem como objetivo colocar em questão a desigualdade radical entre governantes e governados, caracterizadora de regimes autocráticos, como ensina Kelsen (Kelsen, 1973, p. 100-101). No plano mundial está voltada para organizar e humanizar a relação governantes-governados por meio de normas de mútua colaboração delimitadoras do escopo das soberanias e voltadas para consagrar o valor do ser humano. É, deste modo, um meio de conter o solipsismo da soberania que elabora a ordem jurídica a partir do subjetivismo do "eu" dos governantes de um Estado (Kelsen, 1973, p. 108). Representa, desta maneira, um marco na afirmação de uma plataforma emancipatória do ser humano na sua dignidade própria, que integra a humanidade e não se reduz ou se dilui no todo hierarquicamente definido de uma coletividade estatal. Tem, por isso mesmo, como um dos seus objetivos conter o arbítrio discricionário da "razão de estado" de governantes na condução do exercício das competências territoriais das soberanias estatais.

A contenção da discricionariedade é, por si só, expressão do pluralismo, que é uma negação do poder concebido monocraticamente (cf. Bobbio, 1988, p. 28 e passim). Tem, como uma das suas vertentes, o combate à estatolatria, que caracterizou o fascismo. Importa lembrar que a incontida discricionariedade no trato de jurisdicionados gerou, com a dissociação entre os direitos humanos e os direitos dos povos, refugiados, deslocados no mundo e atrocidades no primeiro pós-Guerra Mundial. Promoveu, com o Holocausto levado a cabo pelo racismo nazista, a descartabilidade do ser humano.

A dissociação entre os direitos humanos e os direitos dos povos e a deliberada promoção da descartabilidade do ser humano são, por excelência, paradigmas da denegação tanto do pluralismo que valoriza a diversidade dos grupos sociais que compõem uma sociedade quanto da tolerância que reconhece que a verdade não é una, mas múltipla, e aceita a existência do diferente. A denegação em larga escala do pluralismo e da tolerância foi percebida por ocasião da elaboração da Carta da ONU e da redação da Declaração Universal, como uma das causas das tensões que levaram à Segunda Guerra Mundial. Estes fatos e percepções são fontes materiais da Carta da ONU e, muito especialmente, da Declaração Universal (cf. Lafer, 2006 e 2008).

A Declaração Universal, pela sua importância e significado que acima esbocei, comporta múltiplas abordagens. Neste texto vou cingir-me à exploração de duas perspectivas que permitem tratar do que ela representa como afirmação do pluralismo e da tolerância. A primeira é a do relacionamento da Declaração Universal com o tema da construção da paz. A segunda diz respeito ao porquê a Declaração Universal não é uma agregada e qualificada soma de Declarações nacionais, pois trata de facetas dos direitos humanos que transcendem as jurisdições nacionais, e exigem, por isso mesmo, tutela internacional.

– II –

A Carta da ONU, que é de 1945, considera a guerra um grande mal. Fala, no seu Preâmbulo, no "flagelo da guerra que por duas vezes, no espaço da nossa vida, trouxe sofrimentos indizíveis à humanidade". Afirma, consequentemente, que a paz é um bem a ser buscado.

A tarefa de construção da paz transita pelo esforço em eliminar a guerra. É o que Bobbio denomina de pacifismo ativo, que se move em três direções no jogo da relação entre meios e fins (cf. Bobbio, 2003, p. 93-115). Assim, pode-se falar num pacifismo instrumental, voltado para uma ação sobre os meios de se obter a paz, seja pelo estímulo às técnicas político-jurídicas da solução pacífica de controvérsias, seja pelo esforço de reduzir ou eliminar os armamentos que são os meios técnicos de conduzir a guerra. A Carta da ONU exprime as aspirações do pacifismo instrumental, tratando amplamente da solução pacífica de controvérsias (cf., por exemplo, o Capítulo VI) e acenando, no trato dos princípios gerais de cooperação, em direção à manutenção da paz, para o desarmamento e a regulamentação dos armamentos (art. 11).

A Carta não se cinge, no entanto, ao pacifismo instrumental. É também uma expressão de um pacifismo institucional, em primeiro lugar porque a ONU como organização internacional de vocação universal representa, na vida política mundial, a abrangente inserção de um *tertius inter partes* em prol da paz, voltado para conter os riscos inerentes à anarquia que enseja a possibilidade da guerra. Em segundo lugar porque se preocupa com a desigualdade de condições econômico-sociais em escala planetária, favorecedoras das tensões propiciadoras das guerras. Nesta segunda vertente, a cooperação internacional econômica e social prevista no art. 55, *a* e *b*, é a expressão de um pacifismo institucional de cunho social que se soma à primeira vertente, que é a de um pacifismo institucional de cunho político.

Cabe ainda agregar ao pacifismo instrumental e ao pacifismo institucional o que Bobbio qualifica de pacifismo de fins, preocupado em lidar com a conduta dos homens que criam as instituições e empregam ou não os meios da violência. É no âmbito de um pacifismo de fins que se insere, como um desdobramento da Carta da ONU, a Declaração Universal, pois teve e tem como objetivo consolidar uma visão do mundo caracterizada pelo respeito e reconhecimento do Outro, o que significa reconhecer o valor da tolerância e o pluralismo inerente à condição humana na sua concomitante igualdade e diversidade.

Em síntese, a afirmação dos direitos humanos no plano internacional significa, no campo dos valores, ou seja, no da concepção da vida na sociedade mundial, um meio de conter o conceito schmittiano da política como relação dicotômica amigo/inimigo, denegadora do pluralismo e da tolerância e como tal instigadora da guerra (Schmitt, 1972, p. 65 e seguintes). Não é assim, por acaso, que um dos considerandos da Declaração Universal realça o seu papel na promoção do "desenvolvimento das relações amistosas entre as nações", e o primeiro dos considerandos afirma que "o reconhecimento da dignidade inerente a todos os membros da família humana e de seus direitos iguais e inalienáveis é o fundamento da liberdade, da justiça e da paz no mundo" (grifos meus).

René Cassin, que foi um dos redatores da Declaração Universal, partiu do pressuposto, por ele já afirmado em Conferência proferida em Londres em 24 de setembro de 1941, em plena guerra, de que seria impossível estabelecer uma paz internacional efetiva num mundo onde os direitos humanos fossem muito desigualmente desrespeitados. Cassin entendia que um dos fortes componentes axiológicos da guerra contra os países do Eixo tinha sido a batalha em prol da afirmação dos direitos humanos. Na articulação do seu raciocínio sobre o nexo paz e direitos humanos "protegidos pelo império da lei" (Terceiro considerando do preâmbulo da Declaração Universal) evocava a sua experiência diplomática na Sociedade das Nações. Lembrava que a Alemanha de Hitler afirmara que o desrespeito aos direitos humanos dos que estavam na esfera da sua jurisdição territorial era um assunto interno de sua exclusiva competência soberana. Contestou, deste modo, a legalidade e a legitimidade de uma Resolução da Sociedade das Nações que convidava os Estados-membros a respeitar, no plano interno, os direitos humanos, ainda que estes não fossem tutelados por um tratado internacional. Poucos dias depois desta tomada de posição, a Alemanha nazista retirava-se da Sociedade das Nações e da Conferência que estava sendo negociada no seu âmbito sobre limitações e redução de armamentos. Cassin identifica nesta postura, ocorrida em 1933, sobre direitos humanos, o efetivo e significante início da cadeia de eventos que provocaram a Segunda Guerra Mundial (Cassin, 1951, p. 241-242; Agi, 1998, p. 222, 233-235).

Na origem do trato dos direitos humanos pela Carta da ONU e, subsequentemente, pela Declaração Universal, cabe realçar a importância afirmada em 6 de janeiro de 1941 pelo presidente Roosevelt dos EUA, da prevalência de quatro liberdades que deveriam ser asseguradas para o futuro pacífico do mundo pós-Segunda Guerra Mundial. Estas quatro liberdades integram o segundo considerando da Declaração Universal e são: a liberdade da palavra; a de crença; a de viver a salvo da necessidade; a de viver a salvo do medo.

As liberdades da palavra e de crença são uma expressão do valor positivo atribuído, na esteira de Morus e Locke, à tolerância. Busca tutelar a convivência pacífica entre verdades contrapostas, seja de cunho religioso, seja de opiniões políticas. Parte do reconhecimento ético devido ao Outro e da relevância de se encontrar um *modus vivendi* que lide com a irredutibilidade das opiniões. Como diz Bobbio tratando do assunto: ou tolerância ou perseguição, *tertium non datur* (Bobbio, 2004, p. 215). A liberdade de viver a salvo da necessidade é uma expressão do pacifismo social acima mencionado. Representa uma denegação do indiferentismo moral que aceita passivamente como um dado inalterável a miséria e pobreza. Por esta razão a Declaração Universal consagrou os direitos econômicos, sociais e culturais (arts. XXII a XXVII), não identificando na tolerância a acepção negativa de uma passiva indulgência destituída de solidariedade humana. A liberdade de viver a salvo do medo, na formulação de Roosevelt em 1941, dava ênfase a uma redução mundial de armamentos para conter as agressões bélicas de países vizinhos. Nesta acepção, ela exprime o pacifismo instrumental de meios.

A tolerância religiosa e política que se expressa por meio da afirmação da liberdade de crença e de opinião dá combate à intolerância que provém da dificuldade de aceitar o pluralismo das verdades. Estas duas liberdades estão consagradas nos arts. XVIII e XIX da Declaração Universal.

A experiência política no período entre as duas grandes guerras e, em especial, a dissociação entre os direitos dos povos e os direitos humanos colocaram na agenda um outro tipo de intolerância, qual seja, a que provém da dificuldade de aceitar o "diferente", o "diverso". Em outras palavras, a da convivência, numa sociedade, com o heterogêneo de minorias étnicas, linguísticas e raciais e em que medida este tipo de intolerância deriva de preconceitos.

O preconceito promove a discriminação ao fazer um juízo do valor sobre a diferença, atribuindo a uns a condição de superior e a outros a condição de inferior, corroendo, desta maneira, pela discriminação, o princípio da igualdade (Bobbio, 2002, p. 103-118). É por esta razão que o ponto de partida da afirmação dos direitos humanos é, como diz René Cassin, a generalização do alcance geral do princípio da igualdade e o seu corolário lógico, o princípio da não discriminação, que dá combate à intolerância em relação ao pluralismo do diferente. É por este motivo que Cassin considera os arts. I e II da Declaração Universal o pórtico dos direitos humanos (Cassin, 1951, p. 277-279; Agi, 1998, p. 232-239).

A igualdade em dignidade e direito de todos os membros da família humana é afirmada no art. I da Declaração Universal. Diz o art. I: "Todas as pessoas nascem livres e iguais em dignidade e direitos. São dotadas de razão e consciência e devem agir em relação umas às outras com espírito de fraternidade." O art. I retoma não apenas a formulação do valor da igualdade e da liberdade da Revolução Francesa, mas também o da fraternidade, que é a expressão da secularização do conceito cristão de filhos de Deus. Neste sentido, o espírito de fraternidade consagrado no art. I da Declaração Universal exprime uma postura que aprofunda a noção clássica da amizade – a de *filia* – a ela agregando a aspiração da solidariedade horizontal (Panella, 1989, p. 143-166). Neste sentido o espírito de fraternidade consagrado no art. I contesta a relação política concebida como uma relação amigo/inimigo e é uma instigação ao "desenvolvimento das relações amistosas entre as nações". É, igualmente, um dos fundamentos do pacifismo social consagrado nos direitos econômico-sociais e culturais previstos, como mencionado, na Declaração Universal.

O princípio da não discriminação é asseverado no art. II – 1 e 2 da Declaração Universal. O art. II realça que toda pessoa tem capacidade para gozar os direitos e liberdades estabelecidos na Declaração "sem distinção de qualquer espécie, seja de raça, cor, sexo, língua, religião, opinião política ou de outra natureza, origem nacional ou social, riqueza, nascimento ou qualquer outra condição" (art. II – 1), registrando igualmente que: "Não será tampouco feita nenhuma distinção fundada na condição política, jurídica ou internacional do país ou território a que pertença uma pessoa, quer se trate de um território independente, sob tutela, sem governo próprio, quer sujeito a qualquer outra limitação de soberania" (art. II – 2).

12 DIREITO INTERNACIONAL • Lafer

Como se vê, o art. II da Declaração Universal, ao afirmar de maneira abrangente o princípio da não discriminação como o corolário lógico do princípio de igualdade estabelecido no art. I, dá combate à intolerância em relação ao diverso, o diferente. Este combate se vê reforçado pelo art. VII, que afirma: "Todos são iguais perante a lei e têm direitos, sem qualquer distinção, a igual proteção contra qualquer discriminação que viole a presente Declaração e contra qualquer incitamento a tal discriminação."

Chamo a atenção para o fecho do art. VII, que realça a importância de não haver incitamento à discriminação, pois os preconceitos nascem na cabeça dos seres humanos, como ensina Bobbio (Bobbio, 2002, p. 117). Por isso é preciso combatê-los na cabeça dos homens, proibindo o incitamento à discriminação preconceituosa, como prevê o art. VII, e ao mesmo tempo estimulando, com a educação, a luta contra toda forma de sectarismo. Este estímulo, voltado para atuar sobre a conduta humana, está previsto no art. XXVI da Declaração Universal.

O art. XXVI – I prevê o direito à instrução que é complementado no – II – com algumas diretrizes fundamentais, a saber: "A instrução será orientada no sentido do pleno desenvolvimento da personalidade humana e do <u>fortalecimento e do respeito pelos direitos humanos e pelas liberdades fundamentais. A instrução promoverá a compreensão, a tolerância e a amizade entre todas as nações e grupos raciais ou religiosos e coadjuvará as atividades das Nações Unidas em prol da manutenção da paz</u>" (grifos meus).

Como se verifica, o art. XXVI – 2 dá conteúdo concreto à importância do ensino e da educação na promoção dos direitos humanos previstos na proclamação que antecede o texto da Declaração Universal. Neste sentido, ao estabelecer o nexo entre a educação, propiciadora da compreensão, da tolerância e da amizade, que tem como função coadjuvar as atividades da ONU em prol da manutenção da paz, o art. XXVI – 2 da Declaração endossa o pacifismo ativo de fins voltado para construtivamente atuar sobre o ser humano pela pedagogia. A definição do caráter da educação direcionada para "combater o espírito de intolerância e ódio" dá um valor especial a este artigo, como afirmou Austregésilo de Athayde na condição de delegado do Brasil na Terceira Comissão da Assembleia Geral da ONU, por ocasião da sua discussão em 1948 (Trindade, 1984, p. 231-232). Não é irrelevante lembrar, neste contexto, que a instigação aos ódios públicos foi uma das características da dinâmica do totalitarismo, como mostrou Hannah Arendt, e que estes ódios não tinham como tônica apenas a mais circunscrita intolerância de *privata odia*. Objetivavam identificar, à maneira de Carl Schmitt, na antagônica relação política, o inimigo com quem se deveria travar a guerra pública (cf. Ansart, 2004; Schmitt, 1972, p. 65-69, 200).

Em síntese, a Declaração, enquanto expressão de um pacifismo de fins, propôs kantianamente, lastreada na afirmação do art. I, que as pessoas "são dotadas de razão e consciência", uma "política da razão". Esta tem, como ideia regulatória estratégica, as possibilidades de um futuro de paz baseado nos direitos humanos, tendo como tática as possibilidades de sua asserção enquanto plataforma emancipatória do ser humano. No campo de uma pedagogia dos direitos humanos direcionada para a conduta das pessoas, a própria Declaração considera que o seu texto, no seu articulado, contribuiu para o compromisso da observância dos direitos humanos, pois representa o padrão de uma "compreensão comum" dos direitos e liberdades. Aponta, assim, para a *vis directiva* do "ideal comum a ser atingido por todos os povos e todas as nações".

É importante registrar que, no trato desta *vis directiva*, a Declaração Universal parte de uma concepção do papel positivo que, numa sociedade, o pluralismo deve ter na afirmação dos direitos humanos. É por este motivo que a Assembleia Geral, ao proclamar a Declaração Universal, não confere responsabilidades apenas aos Estados, povos e nações, mas a "cada indivíduo e órgão da sociedade". Daí o alcance do art. XXX, o artigo final da Declaração, que diz: "Nenhuma disposição da presente Declaração pode ser interpretada como o reconhecimento a qualquer Estado, grupo ou pessoas do direito de exercer qualquer atividade ou praticar qualquer ato destinado à destruição de qualquer dos direitos e liberdades aqui estabelecidos."

Diria, para arrematar esta parte desse texto que tratou da relação entre direitos humanos e paz: a Declaração Universal, como expressão do pacifismo de fins, tem como pressuposto que a afirmação dos direitos humanos pode contribuir de maneira relevante para uma ordem mundial de composição de conflitos. Nesta composição é fundamental manter, sem a ocorrência de guerras, a integridade do tecido social da comunidade internacional. Este tecido tem fios de diversas procedências – por isso é uma manifestação do pluralismo do *inter homines esse*. Daí a relevância da tolerância em relação aos fios destas diversas procedências. A tolerância é, neste sentido, um corolário do pluralismo. É uma virtude que se opõe ao fanatismo, ao sectarismo, ao autoritarismo, ou seja, à intolerância. Diz Comte-Sponville que a simplicidade é a virtude dos sábios e a sabedoria a dos santos, observando que a tolerância é sabedoria e virtude para aqueles que, não sendo nem sábios nem santos, são a maioria. Deste modo a tolerância é uma pequena virtude e uma pequena sabedoria, mas necessária e acessível (Comte-Sponville, 1995, p. 189). A Declaração Universal, como se viu na análise de vários de seus artigos, é uma aposta político-pedagógica do pacifismo de fins nesta acessibilidade.

– III –

A Revolução Francesa e a concepção do papel dos direitos humanos na convivência coletiva que dela emanou postulavam uma convergência entre os direitos humanos e os direitos dos povos. Esta convergência se via corroída no pós-Primeira Guerra Mundial, daí advindo, como mencionado, uma histórica dissociação entre os direitos dos povos e os direitos humanos. Desta dissociação resultou o surgimento em larga escala dos deslocados no mundo. São os *displaced people* – as minorias nacionais, linguísticas, étnicas e religiosas – que se viram expelidas, como mostrou Hannah Arendt, da trindade Povo-Estado-Território, por força de uma inédita denegação da tolerância e do pluralismo. Estes deslocados no mundo, ao se converterem em refugiados e apátridas, viram-se destituídos, com a perda efetiva da cidadania, dos benefícios da legalidade. Destarte, não puderam valer-se dos direitos humanos mesmo quando contemplados pelas legislações nacionais. Daí o drama daqueles cuja situação angustiante não resultava do fato de não serem iguais perante a lei, mas de não existirem mais leis para eles. Ademais, não encontrando lugar – qualquer lugar – num mundo como o do século XX, inteiramente organizado e ocupado politicamente, tornaram-se indesejáveis *erga omnes*. Esta situação se agravou tanto com a restrição à livre circulação das pessoas – seja por motivações econômicas (a crise de 1920), seja pelo sectarismo do ímpeto xenófobo dos nacionalismos – quanto pela inauguração do cancelamento em massa, pela União Soviética e pela Alemanha nazista, da nacionalidade, pelo arbitrário e discricionário exercício de soberanias guiadas pela intolerância de motivações político-ideológicas e racistas.

De um juízo reflexivo sobre o alcance do sectarismo, do fanatismo, da xenofobia e do autoritarismo da intolerância de que foram vítimas os deslocados no mundo e que facilitou a descartabilidade dos seres humanos nos campos de concentração, concluiu Hannah Arendt que os direitos humanos não são um dado. São um construído político de convivência coletiva, baseado na pluralidade dos seres humanos que compartilham a terra com outros seres humanos. Desse modo elaborou, à sua maneira, o direito à hospitalidade universal como um direito comum à face da Terra, preconizado por Kant no Projeto de Paz Perpétua como um princípio do *jus cosmopoliticum*. Este diria respeito aos seres humanos e aos Estados no mundo e, como tal, teria, na conjetura kantiana, características próprias, distintas do *jus civitatis* dos direitos nacionais e do *jus gentium* do Direito Internacional Público que rege as relações dos Estados entre si. Assim, para Hannah Arendt, o primeiro direito é o direito a ter direitos, vale dizer, o acesso a uma ordem jurídica que tutele o princípio da igualdade e o seu corolário, o princípio da não discriminação. O direito a ter direitos, como mostrou a experiência histórica dos refugiados e apátridas, discutido por Hannah Arendt em *Origens do totalitarismo*, só começaria a se tornar viável mediante uma tutela internacional a ser construída por meio de uma política internacional dos direitos humanos voltada para conter a discricionariedade das soberanias

A Declaração Universal dos Direitos Humanos **17**

e que pudesse, deste modo, assegurar a liberdade de viver a salvo do medo da denegação da tolerância e do pluralismo. Esta denegação se traduz no medo do ser humano que, ao perder a condição de sujeito do direito, é tido como supérfluo e como tal se converte num objeto destituído de valia e, por isso, no limite, descartável (Arendt, 1989, p. 300-336; Arendt, 1994, p. 73-77; Kant, 1985, p. 37-42; Lafer, 2006, p. 41-42, 45-49; Lafer, 2008, p. 299-303).

A Declaração Universal é a expressão de um "direito novo", sensível a esta realidade. Por isso ela é também, neste sentido, um evento inaugural e, por esta razão, como apontou Cassin na sua exegese, a Declaração de 1948 não é uma soma de Declarações nacionais, nem uma ampliação, em escala mundial, destas Declarações, por mais completas e aperfeiçoadas que possam ser. Ela inova ao formular, no plano universal, direitos humanos que não estão ao alcance de uma jurisdição nacional, pois leva em conta a tutela internacional de direitos que conferem, para falar com Hannah Arendt, o direito a ter direitos. Estes são os que, ao serem negados pelo arbítrio discricionário da soberania numa rejeição do pluralismo e da tolerância, desempossam seres humanos da condição de sujeitos do direito, destituindo-os do benefício do princípio da legalidade (Cassin, 1951, p. 281-282).

Nesta linha, cabe destacar o art. VI da Declaração: "Toda pessoa tem o direito de ser, em todos os lugares, reconhecida como pessoa perante a lei." Este artigo afirma o indispensável laço de todo ser humano com a ordem jurídica, que é o núcleo duro de todo processo de positivação dos direitos humanos. O art. VI dá combate ao aniquilamento jurídico da pessoa humana, que a condição de refugiado ou apátrida favorece e que exprime o drama dos *displaced people*.

18 DIREITO INTERNACIONAL • Lafer

Um desdobramento do art. VI é o art. XV – "1 – Toda pessoa tem direito a uma nacionalidade. 2 – Ninguém será arbitrariamente privado de sua nacionalidade, nem do direito de mudar de nacionalidade." Este artigo é um passo importante na internacionalização dos direitos humanos, pois a prévia norma usual era a de consignar o tema da nacionalidade ao domínio reservado dos Estados. Foi com base neste domínio reservado que, como visto, a União Soviética e a Alemanha nazista promoveram o cancelamento em massa da nacionalidade no arbitrário e intolerante exercício soberano do poder, motivado pelas discricionariedades político-ideológicas. Num mundo dividido em Estados, a apatridia é o equivalente, dizia Cassin, à supressão da água e do fogo na cidade antiga. Permite o aniquilamento jurídico da pessoa humana. Daí a relevância do art. XV, que indica o caminho de uma ação coletiva voltada para impedir a apatridia e preservar, num sistema interestatal, a unidade da família humana.

O art. XIII trata, no seu inciso 1 –, da liberdade de locomoção de toda pessoa – nacional ou estrangeiro – dentro das fronteiras de cada Estado e, no inciso 2 –, do direito de toda pessoa de deixar qualquer país, inclusive o próprio, e a ele regressar. O art. XIII tem como complemento o art. XIV, que estabelece: "1 – Toda pessoa vítima de perseguição tem o direito de procurar e de gozar asilo em outros países. 2 – Este direito não pode ser invocado em caso de perseguição legitimamente motivada por crimes de direito comum ou por atos contrários aos propósitos e princípios das Nações Unidas." O art. XIII e o art. XIV inovam ao postular a livre circulação das pessoas no plano internacional. São a expressão da aspiração a um direito comum de todo ser humano à face da Terra e, neste sentido, uma kantiana manifestação do direito à hospitalidade universal, articulada numa Declaração que almeja promover um *jus cosmopoliticum.*

A Declaração se contrapõe à xenofobia e busca conduzir a uma uniformidade do regime jurídico do nacional e do estrangeiro ao afirmar que, como pessoa, o estrangeiro goza de iguais direitos aos dos nacionais em matérias decisivas. Entre eles, como sublinha Cassin, o direito à vida, à liberdade e à segurança pessoal (art. III); o da garantia de recurso efetivo à jurisdição do país onde reside, contra atos violadores de direitos fundamentais reconhecidos pela Constituição ou pela Lei (art. VIII); o direito ao casamento (art. XVI – 1); o direito às liberdades de ordem espiritual e moral (arts. XVIII e XIX); o direito à propriedade (art. XVII); o direito ao trabalho com igual remuneração (art. XXIII – 2); o direito à instrução (art. XXVI) e os direitos intelectuais de criação e inovação (art. XXVII – 2).

A Declaração também consagra tanto a liberdade como não intervenção quanto a liberdade como participação, ou seja, para lembrar Benjamin Constant, tanto a liberdade dos modernos quanto a liberdade dos antigos. Um dos importantes dispositivos sobre a liberdade como não intervenção é o consagrado no art. XII – "Ninguém será sujeito à interferência na sua vida privada, na sua família, no seu lar ou na sua correspondência, nem a ataques à sua honra e reputação. Toda pessoa tem direito à proteção da lei contra tais interferências ou ataques."

A Declaração é um dos primeiros textos jurídicos que trata do direito à vida privada e à intimidade. Penso que o dispositivo buscou dar uma expressão concreta à liberdade de viver sem medo, pois uma das características do totalitarismo – experiência que lhe serviu de fonte material – havia sido justamente estender a ubiquidade do poder à vida privada para alcançar uma dominação total.

O art. XXVIII – "Toda pessoa tem direito a uma ordem social e internacional em que os direitos e liberdades estabelecidos na presente Declaração possam ser plenamente realizados" – também não caberia numa Declaração nacional. Enuncia, no contexto dos demais dispositivos, o que pode ser qualificado como um princípio do *jus cosmopoliticum*. Postula a aspiração a uma nova ordem internacional que vá além do tradicional Direito Internacional Público. Encaminha a *vis directiva* de uma ordem na qual a interação entre os Estados e a ONU, como um *tertius inter partes*, enseja a tutela da dignidade da pessoa humana.

Em síntese, para concluir a segunda parte deste texto, a Declaração Universal, ao abrir caminho para a internacionalização dos direitos humanos e, deste modo, reconhecer a relevância do arendtiano direito a ter direitos, tem como um dos seus antecedentes conceituais a abrangência do kantiano princípio de hospitalidade universal. Este, por sua vez, em função das condições históricas que levaram à elaboração e à proclamação da Declaração Universal, é, como foi visto, uma afirmação do valor para uma pacífica convivência coletiva, em escala planetária, da tolerância e do pluralismo.

– IV –

Uma palavra final para arrematar este texto. A Declaração Universal traçou uma política de direito. A Declaração de Viena de 1993 que emanou da grande, abrangente e representativa Conferência da ONU sobre Direitos Humanos reconheceu, na linha de reiteradas manifestações da comunidade internacional, a importância da política do Direito traçada pela Declaração Universal. Nela identificou a fonte de inspiração e a base utilizada pela ONU para, no correr dos anos, ir promovendo uma crescente internacionalização dos direitos humanos. Daí um sem-número de tratados de proteção geral e de proteção particularizada que não cabe aqui elencar mas que, cabe lembrar, compõe a *hard law* do direito internacional dos direitos humanos. Esta é, por sua vez, uma expressão da ambição normativa da agenda internacional contemporânea, instigada pela Declaração Universal, como um desdobramento axiológico da Carta da ONU.

Qual é a efetividade da ambição normativa proveniente do direito internacional dos direitos humanos? A relação entre o dever ser das normas e o ser da realidade na qual incidem é sempre problemática e mais ainda no sistema internacional no qual o Poder, que torna o direito realizável, está distribuído individual e desigualmente entre os seus protagonistas. Daí o desafio da efetividade que, em matéria de direitos humanos, provém das tradicionais suscetibilidades das soberanias diante da intrusiva ação que representam no campo dos valores; das conhecidas seletividades provenientes da "razão de estado" na condução das políticas externas; da multiplicação das difusas tensões internacionais de hegemonia e de equilíbrio; da dinâmica interação contemporânea entre as forças centrípetas da globalização e das forças centrífugas que alimentam a sublevação dos particularismos; do ímpeto intolerante dos fundamentalismos e dos ódios públicos; dos unilateralismos políticos denegadores do multilateralismo e do valor do pluralismo na sociedade internacional. É por este motivo que, também no plano internacional, para recorrer a uma formulação de Danièle Lochak, o processo de afirmação em escala planetária dos direitos humanos não é nem uma marcha triunfal, nem uma causa de antemão perdida. É a História de um combate que muda de acordo com os contextos e as circunstâncias, mas que continua na ordem do dia para quem tem a crença no valor da dignidade humana (Lochak, 2005, p. 116). Na agenda internacional contemporânea o tema da tutela da tolerância e do pluralismo, contemplado na Declaração Universal e discutido neste texto, retém sua plena atualidade.

Neste sentido, a Declaração Universal, porque teve o mérito de não ser apenas uma reação aos problemas do passado – as fontes materiais que explicam a sua gênese – mas igualmente o de contribuir para projetar valorações fundamentais para modelar o futuro, conserva a qualidade de um evento inaugural – inclusive na afirmação da relevância da tolerância e do pluralismo. Por isso, neste aniversário dos 60 anos da sua proclamação cabe celebrá-la, pois é de justiça registrar que ela é e continua sendo, à maneira do dito de Arquimedes, o grande ponto de apoio para alavancar a luta em prol dos direitos humanos no mundo.

Bibliografia

AGI, Marc. *René Cassin. Prix Nobel de la Paix – 1887-1976 – Père de la Déclaration Universelle des droits de l'homme.* Mesnil-sur-l'Estrée, Perrin, 1998.

ANSART, Pierre. Hannah Arendt: a obscuridade dos ódios públicos. In: DUARTE, Andre; LOPREATO, Christina; BREPOHL DE MAGALHÃES, Marion. *A banalização da violência*: a atualidade do pensamento de Hannah Arendt. Rio de Janeiro, Relume-Dumará, 2004, p. 17-33.

ARENDT, Hannah. *Origens do totalitarismo – antissemitismo, imperialismo, totalitarismo.* São Paulo, Companhia das Letras, 1989.

____. *Lições sobre a filosofia política de Kant.* 2ª ed. Rio de Janeiro, Relume-Dumará, 1994.

BOBBIO, Norberto. *As ideologias e o poder em crise.* Brasília, São Paulo, Editora da Universidade de Brasília, Polis, 1988.

____. *Elogio da serenidade e outros escritos morais.* São Paulo, Unesp, 2002.

____. *O problema da guerra e as vias da paz.* São Paulo, Unesp, 2003.

____. *A era dos direitos.* Rio de Janeiro, Campus-Elsevier, 2004.

CASSIN, René. La Déclaration Universelle et la mise en oeuvre des droits de l'homme. *Recueil des Cours de l'Academie de Droit International* – Tome 79, II, 1951, p. 239-367.

COMTE-SPONVILLE, André. *Pequeno tratado das grandes virtudes.* São Paulo, Martins Fontes, 1995.

HAURIOU, Maurice. *Teoria dell'instituzione e della fondazione.* Milano, Giuffrè, 1967.

KANT, Immanuel. *Per la pace perpetua e altri scritti, a cura di Nicolao Merker.* Roma, Riuniti, 1985.

KELSEN, Hans. *Essays in legal and moral philosophy* (selected and introduced by Ota Weinberger). Dordrecht-Holland, D. Reidel Publ. Co., 1973.

LAFER, Celso. A internacionalização dos direitos humanos: o desafio do direito a ter direitos. *Revista do Tribunal Regional Federal,* 3ª Região, vol. 75, jan.-fev. 2006, p. 37-54.

____. Declaração Universal dos Direitos Humanos (1948). In: MAGNOLI, Demétrio (org.). *História da Paz.* São Paulo, Contexto, 2008, p. 297-329.

LOCHAK, Danièle. *Les droits de l'homme.* Paris, La Découverte, 2005.

PANELLA, Giuseppe. Fraternità – semantica di un concetto. *Teoria Politica,* V, nº 2-3, 1989, p. 143-166.

SCHMITT, Carl. *La Notion de politique/Théorie du partisan.* Paris, Calmann-Lévy, 1972.

TRINDADE, Antonio Augusto Cançado. *Repertório da Prática Brasileira do Direito Internacional Público (período 1941-1960).* Brasília, Fundação Alexandre de Gusmão, 1984.

2

DESCAMINHOS DO MERCOSUL: A SUSPENSÃO DA PARTICIPAÇÃO DO PARAGUAI E A INCORPORAÇÃO DA VENEZUELA – UMA AVALIAÇÃO CRÍTICA DA POSIÇÃO BRASILEIRA[1]

– I –

Num Estado Democrático de Direito, como é o caso do Brasil, regido pela Constituição de 1988, cabe submeter à análise da ação política, nela incluída a diplomática, não apenas a avaliação de sua eficiência e oportunidade, mas também ao juízo da sua conformidade em relação às normas jurídicas vigentes. A relevância do juízo sobre a conformidade em relação às normas jurídicas vigentes está ligada à aferição democrática de um governo, no qual o poder é exercido de acordo com as leis e não em função do instável agir discricionário de governantes.

No mundo contemporâneo, os estudiosos têm apontado que o respeito ao Direito Internacional é dimensão caracterizadora do Estado Democrático de Direito. No caso do Brasil esta observação é pertinente, pois a Constituição de

---

[1] Descaminhos do Mercosul – a suspensão da participação do Paraguai e a incorporação da Venezuela: uma avaliação crítica da posição brasileira, in *Política Externa*, vol. 21, nº 3, São Paulo, HMG Editora/Mameluco Edições, jan.-fev.-mar. 2013, p. 19-27.

1988 mostrou-se não apenas aberta à recepção de normas de Direito Internacional no ordenamento jurídico nacional, com destaque para os direitos humanos, mas também constitucionalizou, no seu art. 4º, princípios que regem as relações internacionais do nosso país. Estes estão em consonância com as normas do Direito Internacional, em especial a Carta da ONU. Esta positivação constitucional de normas do Direito Internacional consagra uma visão de mundo voltada para o reconhecimento jurídico dos outros Estados e almeja conter a subjetividade dos unilateralismos discricionários das soberanias no plano internacional.

Na vida política internacional as normas de Direito Internacional cumprem duas funções importantes para a manutenção da segurança das expectativas, que é uma das virtudes do princípio da legalidade na dinâmica da convivência coletiva. De um lado informam sobre a provável conduta dos atores estatais na vida internacional e, de outro, indicam qual é o padrão aceitável de comportamento. É por essa razão que a linguagem jurídica permeia a argumentação das razões da ação diplomática e é por esse motivo que o descumprimento das normas do Direito Internacional é sempre um fator deslegitimador da conduta estatal, que tem como efeito tanto comprometer o *soft power* de um país quanto a sua credibilidade internacional. Esta tem, como um de seus elementos de ordem geral, a coerência das posturas e, no plano jurídico, a fidelidade ao que foi pactuado, que é a base do princípio *pacta sunt servanda*. Este consagrado princípio está reiterado na Convenção de Viena sobre o Direito dos Tratados, de 1969, na Parte III, que dispõe sobre observância, aplicação e interpretação de tratados.

As normas jurídicas do Mercosul não são como as normas clássicas do Direito Internacional, ou seja, na linha da lógica de Vestfália, normas de mútua-abstenção, voltadas para conter as fricções derivadas da coexistência, no espaço mundial, dos Estados que integram o sistema internacional. São normas aprofundadas de mútua colaboração elaboradas e pactuadas pelas suas partes contratantes – Argentina, Brasil, Paraguai e Uruguai – que deliberaram agir em conjunto na "ideia a realizar" de um projeto de integração. Este levou em conta o potencial da conectividade econômica da vizinhança, tendo como objetivo, na vigência de regimes democráticos, acelerar o desenvolvimento com justiça social e lograr competitividade para uma adequada inserção internacional de seus membros, num mundo que simultaneamente se globaliza e se regionaliza. Normas desta natureza especificam direitos e obrigações, e ainda mais do que as normas de mútua abstenção, requerem a confiança de que, na dinâmica do processo de integração, prevaleçam e sejam cumpridas as "regras do jogo". Estas, normativamente estipuladas, têm como função limitar a natural propensão de cada país – em especial os de maior poder político e econômico relativo – a praticar comportamentos discricionários, contrários ao que foi pactuado em boa e devida forma. É por essa razão que têm especial gravidade, no âmbito do Mercosul, quaisquer ações em flagrante desconformidade com suas normas jurídicas constitutivas.

É nessa moldura conceitual que vou examinar as decisões que levaram à suspensão do Paraguai e à adesão da Venezuela, adicionando, também, a análise do que entendo ser uma inequívoca não conformidade com as normas jurídicas, considerações críticas sobre a eficiência e oportunidade destas duas decisões, na perspectiva da política externa brasileira e dos melhores interesses nacionais.

– II –

O Mercosul, desde as suas origens teve, em função da penosa experiência dos regimes autoritários na região, como horizonte político a importância da consolidação democrática e da tutela dos direitos humanos entre os seus Estados-membros. Na sua concepção foi muito relevante o significado da redemocratização da Argentina, do Brasil e do Uruguai, e foi nesta linha que a Declaração Presidencial de Las Leñas de 27 de junho de 1992 explicitou que a plena vigência das instituições democráticas é condição indispensável para a existência e o desenvolvimento do Mercosul.

O Protocolo de Ushuaia sobre o compromisso Democrático no Mercosul, Bolívia e Chile, e que é de 1998, deu conteúdo jurídico à Declaração Presidencial de Las Leñas de 1992, que é explicitamente mencionada nos considerandos do seu Preâmbulo. No Brasil, o Protocolo de Ushuaia foi aprovado pelo Decreto Legislativo nº 452, de 14 de novembro de 2001, e promulgado pelo Decreto nº 4.210, de 24 de abril de 2002.

Na reunião de Cúpula do Mercosul, realizada em Mendoza, Argentina, em 28 e 29 de junho de 2012, os três presidentes do bloco – Argentina, Brasil e Uruguai e o representante da Venezuela, seu Chanceler – emitiram, em 29 de junho, um "comunicado conjunto" em nome dos presidentes dos Estados-partes. Deliberaram, com base no Protocolo de Ushuaia, ter havido uma ruptura da ordem democrática no Paraguai e, com base nesta avaliação, decidiram suspender a participação do Paraguai nos órgãos do Mercosul até que se verificasse o pleno restabelecimento da ordem democrática naquele país. É o que diz, sem maiores considerações, o parágrafo 5 do acima mencionado Comunicado Conjunto, na seção referente à situação do Mercosul.

Deste Comunicado emanou documento da mesma data, no qual, no item 1, os presidentes da Argentina, do Brasil e do Uruguai decidiram suspender o direito da participação do Paraguai nos órgãos do Mercosul e nas suas deliberações, com base no art. 5 do Protocolo de Ushuaia, que foi invocado de forma genérica nos considerandos da decisão.

As autoridades do Paraguai foram impedidas de participar da reunião presidencial de Mendoza e também do Conselho do Mercado Comum integrado pelos Ministros de Relações Exteriores e da Economia. Este é o órgão superior do Mercosul e o único habilitado a adotar decisões obrigatórias para os Estados-Partes, nos termos do *Tratado de Assunção* de 1991, que criou o Mercosul (art. 10), e do *Protocolo de Ouro Preto*, de 1994, que a ele deu sua estrutura institucional definitiva (arts. 3º, 4º, 5º, 6º, 7º, 8º, 9º). Observo, neste sentido, que a Reunião de Presidentes não tem papel institucional definido na estrutura do Mercosul e que, do ponto de vista dos procedimentos jurídicos apropriados, o que caberia aos Presidentes é ter dado instrução aos seus Ministros para que tomassem as deliberações por eles decididas no âmbito do Conselho do Mercado Comum. Não vou aprofundar a discussão desta matéria, mas registro que se trata de uma falha no devido processo legal. Não vou aprofundá-la *brevitatis causa* porque considero que, na suspensão do Paraguai, ocorreram falhas muito mais graves do devido processo legal na aplicação do Protocolo de Ushuaia, como passo a expor.

A aplicação da cláusula democrática com base no Protocolo de Ushuaia requer uma verificação de que teria efetivamente ocorrido uma ruptura de ordem democrática no

Paraguai. Esta ruptura não foi óbvia, como teria sido o caso de um golpe de Estado, que configuraria carência de título democrático para governar dos que assumiram as responsabilidades do poder no país. Daí, no caso, a importância de que se revestem os procedimentos de aplicação do Protocolo de Ushuaia, em especial o seu art. 4, que estipula: "No caso de ruptura da ordem democrática de um Estado Parte do Presente Protocolo, os demais Estados Partes promoverão as consultas pertinentes entre si e com o Estado afetado."

As consultas com o Paraguai não foram realizadas e não tem procedência alegar que a Missão dos Ministros da UNASUL ao Paraguai em 21 e 22 de julho delas são um válido sucedâneo. Não o são, em primeiro lugar, porque *ratione personae* e *ratione materiae* a UNASUL não se confunde com o Mercosul, que tem personalidade jurídica própria. Em segundo lugar, porque não abrangeram os fatos e as circunstâncias na sua totalidade, pois são anteriores à conclusão do julgamento do Presidente Lugo, que instigou a decisão da suspensão. A ausência destas consultas no âmbito do Mercosul é um fato grave e configura uma quebra do devido processo legal nos próprios termos do Protocolo de Ushuaia. Com efeito, no caso específico, o argumento da ruptura democrática no Paraguai tem como base a celeridade do processo de *impeachment* do Presidente Lugo, que não teria tido tempo suficiente para preparar a sua defesa neste processo conduzido pelo Legislativo paraguaio. Este processo, no entanto, foi considerado válido pelo Judiciário do Paraguai e em consonância com as normas constitucionais do Paraguai e sua legislação infraconstitucional relacionada a um juízo político sobre a destituição do cargo de Presidente, por mau desempenho de sua função.

Neste contexto impunham-se substantivamente as consultas com o Paraguai como passo prévio para a aplicação, ou não, de uma suspensão de sua participação no Mercosul. Explico-me. A consulta é um mecanismo clássico do Direito Internacional e tem como objetivo a troca de opiniões, no caso, *ex vi* do art. 4 do Protocolo de Ushuaia, entre o Paraguai e a Argentina, o Brasil e o Uruguai sobre uma controvérsia em torno da existência de ruptura da ordem democrática. A função da consulta em geral e neste caso específico tem como objetivo embasar uma avaliação jurídica sobre a existência ou não de uma ruptura da ordem democrática através da *intelligence gathering*, seja por meio da organização e seleção de informação pertinente, seja pela possibilidade de aprender o relevante para compreender a situação que levou ao *impeachment* no âmbito do ordenamento jurídico paraguaio. Neste caso, esta função da consulta era uma exigência indispensável, pois a avaliação da ruptura da ordem democrática no Paraguai desconsiderou a avaliação feita pelo Legislativo e pelo Judiciário do país, que não a consideraram como tal. Por essa razão, não foi inequívoca a ruptura da ordem democrática e, por isso mesmo, a afirmação da sua ocorrência precisaria ter sido bem fundamentada, o que não se verificou.

Daí, num juízo jurídico sobre a ação política da Argentina, Brasil e Uruguai, a conclusão de que a suspensão do Paraguai do Mercosul não obedeceu ao *iter* do devido procedimento legal previsto pelo Protocolo de Ushuaia, decisão substantivamente comprometida pelo fato de não ter sido fundamentada. Com efeito, a decisão, para não caracterizar-se como arbitrária, precisaria ser fundamentada, levando em conta, com base nas consultas que não se realizaram, as características de funcionamento da divisão dos poderes e das normas constitucionais do Paraguai, tal como alegado pelo país. Em síntese, a decisão da suspensão, tal como foi tomada, representa a sumária execução de uma sanção – a do art. 5 do Protocolo de Ushuaia, sem um apropriado processo de conhecimento, previsto no art. 4 do mesmo Protocolo. Por isso, na sua não fundamentada celeridade, fere o devido processo legal inerente aos direitos humanos no plano internacional, agravado por um desrespeito específico ao princípio de não intervenção.

O princípio de não intervenção é um princípio consagrado do Direito Internacional Público e foi constitucionalizado como um dos princípios que regem as relações internacionais do Brasil (CF, art. 4º, IV). No caso do Protocolo de Ushuaia, o desrespeito a este princípio cria um precedente grave. Com efeito, a avaliação da condição democrática de um país é complexa.

Das suas diversas vertentes trata, por exemplo, a Carta Democrática Interamericana, aprovada na Assembleia Geral da OEA em 11 de setembro de 2001. Envolve tanto a degeneração do poder democrático por falta de título para seu exercício, que é o que ocorre, como mencionei, com um golpe de Estado, mas envolve também a degeneração proveniente do abuso do seu exercício. É o que se verifica quando se configura, por exemplo, inequívoco desrespeito aos direitos humanos, à independência e à separação dos poderes, à liberdade de expressão e da imprensa, à vigência do estado de direito. A decisão da suspensão do Paraguai exigiria uma fundamentação apropriada de que o *impeachment* do Presidente Lugo estaria inserido na hipótese da degeneração do poder democrático e de que, além do mais, tinha algum lastro impugnar as credenciais democráticas do Legislativo e do Judiciário do Paraguai, que convalidaram juridicamente o *impeachment*. Tal como foi tomada a decisão, desqualifica em bloco todas as instituições do Paraguai. Por isso, configura-se como um desrespeito específico ao princípio de não intervenção. Caracteriza arbítrio na aplicação de sanção, arbítrio agravado pelo fato de que as credenciais democráticas atuais, no exercício do poder na Argentina e ainda mais na Venezuela, que participaram do encaminhamento da decisão no comunicado conjunto, comportam discussão.

Registro que as novas autoridades do Paraguai, chefiado pelo vice-presidente Federico Franco Gomez, que assumiu a presidência com o *impeachment* do Presidente Lugo, questionaram a legalidade da decisão da sua suspensão, assim como a incorporação da Venezuela como membro pleno do Mercosul, perante o Tribunal Permanente de Revisão do Mercosul. Este, em laudo de 21 de julho, encontrou um caminho processual – o de não estarem presentes os requisitos para a admissibilidade do pleito – para não manifestar-se sobre o mérito da questão, o que levou o Paraguai, em comunicado oficial, a afirmar, em 22 de junho, que tinha se configurado uma situação de denegação de justiça.

Registro, igualmente, que o Secretário-Geral da OEA, acompanhado por uma delegação de representantes permanentes da OEA, integrada por diferentes grupos geográficos da organização fez, com base em proposta do Presidente do Conselho Permanente, uma visita de caráter informativo ao Paraguai. Esta visita, realizada nos dias 1º, 2 e 3 de julho, consubstanciou-se em relatório apresentado ao Conselho Permanente em 10 de julho de 2012 (OEA/Sec. 6, CP/doc. 4.786/12 rev 1, 10 de julho de 2012). Não vou discutir o circunstanciado relatório do Secretário-Geral José Miguel Insulza, muito mais completo do que as manifestações, no calor da hora, da Missão da UNASUL, mas observo que não recomendou a suspensão do Paraguai do direito de participação na OEA por conta de uma ruptura de ordem democrática, com base nos arts. 20 e 21 da acima mencionada Carta Democrática Interamericana. Esta recomendação foi levada em conta pelos Estados-membros da OEA, que não suspenderam o direito do Paraguai de participar das atividades da OEA.

Em síntese, a não fundamentada decisão de suspender o Paraguai das atividades do Mercosul caracteriza uma arbitrária aplicação de uma sanção que não está em conformidade com as normas que regem a matéria no âmbito do Mercosul. Este arbítrio é incompatível com as "regras do jogo" previstas nas normas do Mercosul e, por isso mesmo, compromete a confiança que deve permear as normas de mútua colaboração de um processo de integração.

A ilegalidade desta decisão terá consequências substantivas para a política externa brasileira na perspectiva de um juízo de avaliação sobre a sua oportunidade e eficiência. Em primeiro lugar, compromete o *soft power* e a credibilidade internacional do nosso país, que sempre se empenhou em pautar a sua conduta externa pelo respeito ao Direito Internacional e tradicionalmente vem criticando, no debate diplomático, os países que, agindo sob o impulso da subjetividade discricionária das soberanias, não levam em conta a importância das normas internacionais para a convivência dos Estados na vida mundial. A este assunto voltarei mais adiante, na próxima seção deste texto, no exame da decisão da incorporação da Venezuela como membro pleno do Mercosul.

Do ponto de vista da relação do Brasil com o Paraguai esta decisão da suspensão terá consequências graves. Com efeito, são particularmente densas, desde o século XIX, as relações do Brasil com o Paraguai. Na atualidade são muito mais significativas do que aquelas que caracterizam as da Argentina e do Uruguai, sem falar da Venezuela com o Paraguai. Basta lembrar o significado, para o Brasil, da Binacional Itaipu, e o tema dos milhares de brasileiros que vivem no Paraguai – os brasiguaios. É por conta desta densidade que qualquer atuação diplomática em relação à ordem democrática no Paraguai deveria ter sido, como foi no passado, desde a vigência do Mercosul, uma iniciativa brasileira. Não foi o que ocorreu neste caso, em que o Brasil se deixou levar pela Argentina e pela Venezuela, cujo relacionamento com o Paraguai é muito mais circunscrito e que, por isso mesmo, tinham do assunto outra visão e outros interesses.

O Brasil, desde o governo do presidente Juscelino Kubitschek, vem se empenhando numa convergente aproximação com o Paraguai. A motivação deste empenho tem a sua razão de ser não só na relevância política e no significado econômico da vizinhança no Prata. Responde a uma preocupação em lidar construtivamente com a memória da guerra, no século XIX, com o Paraguai, que teve um pesado custo humano e econômico para o país vizinho e, por isso mesmo, gerou um caldo histórico de ressentimentos. Não vou discutir esta guerra em que o Brasil não foi o agressor e esteve associado com a Argentina e o Uruguai na chamada Tríplice Aliança. Dela tratou de maneira admirável e com alta qualidade historiográfica Francisco Doratioto no seu grande livro de 2002, *Maldita guerra*. Registro apenas que existe uma exacerbada sensibilidade da sociedade paraguaia em relação aos efeitos desta guerra – só comparável, na sua escala e intensidade no continente americano, à Guerra Civil dos Estados Unidos.

Esta sensibilidade do Paraguai com o seu caldo de ressentimentos aflorou depois da suspensão da sua presença no Mercosul. Ela foi articulada, com ressonância na sociedade paraguaia, pelo Presidente Federico Franco na parte inicial do seu discurso de 27 de setembro de 2012, na Assembleia Geral da ONU, na crítica à decisão tomada em Mendoza. Não endosso, evidentemente, todas as afirmações do Presidente Franco, que têm a natureza de um compreensível desabafo diante de uma decisão manifestamente ilegal, mas não há como ignorar, na perspectiva do Brasil, a sua asserção ao tratar da unidade da nossa região: *"El liderazgo se construye con el respeto al Derecho Internacional."* Avalio que, em função dessa decisão, a recomposição das relações do Brasil com o Paraguai exigirá um esforço muito especial. Em síntese, a decisão tomada em Mendoza corroeu, inutilmente, décadas de um válido trabalho diplomático do Brasil. Por isso foi, na perspectiva da política externa brasileira e dos interesses nacionais, não só uma decisão caracterizada por uma inequívoca ilegalidade, de grande imperícia jurídica, mas também uma ação diplomática imprudente, que não passa pelo teste da oportunidade e da eficiência.

– III –

Em 2005 a Venezuela do Presidente Hugo Chávez solicitou a adesão de seu país ao Mercosul e a ata da adesão foi firmada na Reunião de Cúpula do Mercosul em Assunção, em julho daquele ano. Após celebração do acordo – marco da adesão –, os Presidentes Néstor Kirchner, da Argentina, e Lula, do Brasil, conferiram à Venezuela o juridicamente discutível *status* de "membro pleno em processo de adesão", que é, aliás, a justificativa para a presença e participação da Venezuela no já amplamente referido Comunicado Conjunto dos Presidentes em Mendoza, em 29 de junho. Não vou examinar como, desde a concessão deste *status* até o presente, a negociação técnica da Venezuela com os Estados-membros do Mercosul, dos compromissos da política comercial e da adequação ao conjunto de normas inerente à natureza de um projeto de integração com o Mercosul caminharam de maneira muito insatisfatória. Nisto incluo as três negociações realizadas neste segundo semestre de 2012, em agosto, setembro e novembro. Registro, no entanto, que o protocolo de adesão da Venezuela ao Mercosul, de 2006, foi aprovado pela Argentina em fevereiro de 2007 e pelo Uruguai em agosto do mesmo ano.

Em nosso país a incorporação da Venezuela ao Mercosul suscitou significativa controvérsia que levou a um ciclo de debates promovido pela Comissão de Relações Exteriores do Senado que se estendeu entre os meses de abril a outubro de 2009. Este ciclo, que teve a natureza de uma audiência pública, foi publicado pelo Senado Federal em 2010. A Comissão de Relações Exteriores aprovou a adesão da Venezuela ao Mercosul. O voto do Relator, Senador Tasso Jereissati, contrário à adesão, foi derrotado por um voto, sagrando-se vitorioso o voto em separado proposto pelo Senador Romero Jucá. O Plenário do Senado aprovou a adesão em dezembro de 2009, e os trâmites legais da adesão foram concluídos em março de 2010.

No Brasil, o alargamento do Mercosul, por meio da incorporação da Venezuela, foi sustentado por argumentos de interesse econômico e de seu significado geográfico, que contribuiriam para a revitalização do Mercosul e atenderiam aos interesses nacionais. Foi posto em questão por vários estudiosos e diplomatas que chamaram a atenção para o caráter insatisfatório das negociações técnicas, ou seja, da efetiva adesão da Venezuela às normas do Mercosul; pela preocupação com a ordem democrática do país regido pelo Presidente Hugo Chávez e pela percepção de que a visão de um processo de integração, tal como vinha sendo formulado pelo Presidente Chávez, entraria em choque com a concepção da integração que norteou a criação do Mercosul.

Até a reunião de Mendoza não tinha se verificado a aprovação da adesão do Paraguai, cujo Senado relutava em a ela dar o seu constitucionalmente necessário assentimento. No Comunicado Conjunto de Mendoza, em 29 de junho – já mencionado na seção II deste texto –, na sequência da decisão da suspensão do Paraguai, os Presidentes da Argentina, Cristina Kirchner, do Brasil, Dilma Rousseff, e do Uruguai, José Mojica, junto com o Ministro das Relações Exteriores da Venezuela, Nicolás Maduro, em representação do Presidente Hugo Chávez, deliberaram e se congratularam, no parágrafo 6, com a adesão da Venezuela ao Mercosul. Dele emanou Declaração da mesma data, na qual Argentina, Brasil e Uruguai decidiram o ingresso da Venezuela no Mercosul.

O Tratado de Assunção, que criou o Mercosul, prevê adesões, ou seja, o seu alargamento, mas estabelece, no seu art. 20, que uma aprovação de alargamento será objeto de decisão unânime dos Estados-Partes. O Protocolo de Ouro Preto, no seu art. 37, que rege o sistema de tomada de decisões, estabelece que "As decisões dos órgãos do Mercosul serão tomadas por consenso e com a presença de todos os Estados Partes."

A decisão da suspensão do Paraguai, de 29 de junho de 2012, emanada dos Presidentes da Argentina, do Brasil e do Uruguai, no seu preâmbulo e no seu item 1 declara que a suspensão dispôs sobre a limitação da participação do Paraguai nos órgãos do Mercosul, assim como a perda de seus direitos de voto e de veto.

O Tratado de Assunção e o Protocolo de Ouro Preto, que dão ao Mercosul sua estrutura institucional, são tratados-quadro de natureza institucional. Suas normas são superiores às de outras normativas que dela derivam e não podem ser derrogadas por decisões como a da suspensão do Paraguai, de inequívoca ilegalidade, como arguido na seção II deste artigo. Em outras palavras, ainda que esta decisão da suspensão do Paraguai se revestisse de atributos de legalidade, ela só seria aplicável a deliberações de matéria ordinária e nunca a uma decisão extraordinária de alargamento que vai alterar a vida e a natureza do Mercosul, por obra da incorporação da Venezuela. Daí a lógica do art. 20 do Tratado de Assunção acima mencionado, que é constitutiva do Mercosul e dele inseparável.

A Convenção de Viena sobre o Direito dos Tratados, de 1969, mencionada na seção I deste texto, está em vigor no Brasil. Deve ser executada e cumprida tão inteiramente como nela se contém, como estatui o Decreto nº 7.030, de 14/12/2009 (art. 1º). A Convenção estabelece, no art. 26, que "Todo tratado em vigor obriga as partes e deve ser executado por elas de boa-fé." Estipula, no art. 31, como regra geral de interpretação, que "Um tratado deve ser interpretado de boa-fé, segundo o sentido comum atribuível aos termos de tratado em seu contexto e à luz do seu objeto e finalidade."

A exigência da aprovação do Paraguai à incorporação da Venezuela ao Mercosul me parece indiscutível à luz dos termos do Tratado de Assunção e de seu objeto e finalidade.

A decisão de incorporar a Venezuela, como feita, não atende a obrigações relacionadas à observância de Tratados previstos na Convenção de Viena. Carece de boa-fé, seja na acepção subjetiva de uma disposição do espírito de lealdade e honestidade, seja na acepção objetiva de conduta norteada para esta disposição. Pondero, neste sentido, que cabe perguntar se a decisão da suspensão do Paraguai, que ensejou uma impositiva decisão de incorporação da Venezuela, não foi um meio de contornar, sem boa-fé, a prévia e juridicamente válida resistência paraguaia a esta decisão.

Em síntese, a decisão de incorporar a Venezuela ao Mercosul, nos termos em que foi tomada, é, de *per se*, uma ilegalidade agravada pela ilegalidade antecedente da suspensão do Paraguai do Mercosul, que impedia sua participação numa decisão que vai alterar a estrutura do Mercosul e sua dinâmica.

A ação diplomática do Brasil em Mendoza e seus desdobramentos é uma ação que não passa pelo teste da conformidade em normas jurídicas vigentes. Caracteriza-se por uma dupla ilegalidade e, por isso mesmo, não é compatível com o respeito ao Direito Internacional, que é dimensão caracterizadora de um Estado Democrático de Direito.

É, também, uma ação que não só no caso da suspensão do Paraguai, como no da incorporação da Venezuela ao Mercosul, pode ser qualificada como altamente questionável do ponto de vista da avaliação de sua eficiência e oportunidade. Compromete, como já apontei, o *soft power* e a credibilidade internacional do nosso país como respeitador do Direito Internacional. Para o Brasil, cuja política externa ambiciona o *locus standi* de uma maior presença no funcionamento do sistema internacional e que tem, entre os seus ativos, não só a sua escala continental, mas também os créditos de sua atuação no campo dos valores, que o diferenciam positivamente de outros centros de poder na atual multipolaridade, o precedente de um desrespeito ao Direito Internacional é grave. Compromete o papel que o país deseja ter como um terceiro imparcial em prol da paz em outras regiões do Mundo, como o Oriente Médio. Se o país agiu de maneira parcial e discricionária no seu contexto regional de vizinhança e no âmbito de uma organização econômica de integração como o Mercosul, como imaginar que, com isto, não compromete o *soft power* e a credibilidade do país no plano internacional e regional e a coerência de sua crítica ao subjetivismo discricionário das soberanias de outros atores da vida internacional?

Do ponto de vista do Mercosul, as decisões de Mendoza, tais como foram tomadas, colocam em questão o grande projeto diplomático do país pós-redemocratização. Tendem não só a transformar o Mercosul numa plataforma para objetivos políticos como a condenar à irrelevância um projeto em que sucessivos governos se empenharam, com vistas ao potencial de uma integração econômica entre países vizinhos, voltado para administrar e solucionar, num patamar superior de colaboração, tensões e rivalidades regionais. Mina a credibilidade do Mercosul em relação a terceiros países como uma válida expressão de regionalismo econômico no âmbito do multilateralismo comercial.

Rio Branco, o patrono da diplomacia brasileira e o consolidador das fronteiras do país, vaticinava, no seu tempo, que o Brasil do futuro haveria de "confiar acima de tudo na força do Direito e no bom senso". As decisões de Mendoza desconsideraram o bom senso e a força do Direito, com consequências para a política externa brasileira. Foram ilegais, diplomaticamente imperitas e imprudentes.

Faço esta avaliação não só na condição de estudioso das relações internacionais e de professor de Direito, mas também lastreado na experiência de quem, em duas oportunidades, chefiou o Itamaraty. No exercício destas responsabilidades lidei intensamente com os problemas e os desafios do Mercosul e tratei de maneira abrangente do relacionamento do nosso país com o Paraguai e a Venezuela. No que tange à Venezuela, menciono a valorização do relacionamento econômico com o país vizinho, desdobramento da prioridade atribuída pelo Presidente Fernando Henrique Cardoso ao papel da América do Sul na política externa brasileira e à ação diplomática voltada para conter, em 2002, um golpe de Estado que ameaçou o mandato do Presidente Hugo Chávez, também em linha com o preconizado pelo Presidente Fernando Henrique sobre a relevância da preservação das instituições democráticas na nossa região. É por tudo isso que, no meu entender, tal como exposto neste artigo, as decisões tomadas em Mendoza constituem o mais substantivo equívoco da política externa brasileira nestes dois primeiros anos da presidência Dilma Rousseff.

3

MÉTODOS NA IDENTIFICAÇÃO DO COSTUME COMO FONTE DO DIREITO INTERNACIONAL PÚBLICO[1]

– I –

Este livro de André Lipp Pinto Basto Lupi é uma instigante e aprofundada análise do costume como uma das fontes do Direito Internacional Público. O costume é uma das clássicas fontes do Direito, que emana de uma criação descentralizada no âmbito de uma sociedade. No campo do Direito Internacional que, na sua origem, é basicamente consuetudinário, está consagrado e reconhecido como fonte no art. 38 (b) do Estatuto da Corte Internacional de Justiça. Não obstante a crescente importância dos tratados como fonte da normatividade internacional, o costume continua regulando vastas e importantes áreas do Direito Internacional Público, como aponta André Lupi. Entre elas a responsabilidade internacional e a sucessão de estados.

Tradicionalmente são dois os elementos que identificam o costume como norma jurídica: a prática objetiva e o reconhecimento subjetivo de que esta prática é constitutiva de

---

[1] Prefácio ao livro de André Lipp Pinto Basto Lupi, *Os métodos no Direito Internacional*, São Paulo, Lex Editora, 2007, p. 11-18.

uma norma jurídica, diferenciando-se, assim, na sociedade internacional, do uso e da cortesia. Cabe lembrar, como faz o A., que a discussão sobre o fundamento do costume imbrica-se com a tradicional discussão sobre o fundamento do Direito Internacional Público. São, assim, distintas, por exemplo, as posições dos doutrinadores de orientação voluntarista – que realçam o papel do acordo tácito ou do consentimento sistêmico dos Estados na elaboração do costume internacional – da dos de orientação objetivista – que realçam o papel do Fato social na espontânea elaboração da norma consuetudinária, que a indução permite identificar.

No âmbito da Teoria Geral do Direito, o trato do costume como fonte do Direito Internacional Público contemporâneo enfrenta hoje significativos problemas de reconhecimento e identificação. Por isso mesmo, requer um parar para pensar o alcance dos métodos por meio dos quais se logra determinar o costume como direito válido. É precisamente a discussão dos desafios inerentes à indeterminação da prática – um dos elementos básicos da norma consuetudinária – o ponto de partida de André Lupi na elaboração deste livro. Este ponto de partida está inserido num contexto mais amplo, que cabe explicitar, para realçar o abrangente alcance teórico e prático do seu livro e da sua proposta.

– II –

Na sua reflexão sobre fontes do Direito, aponta Miguel Reale, ecoando uma observação de François Geny, que as épocas de crise do Direito e das sociedades "redundam, inevitavelmente, em crise da teoria das fontes do direito" (cf. Miguel Reale, *Fontes e modelos do direito – para um novo paradigma hermenêutico*, São Paulo, Saraiva, 1994, p. 26).

A sociedade internacional deste início do século XXI enfrenta variados tipos de crise. Uma delas provém da multiplicação das tensões – tensões de hegemonia e de equilíbrio –, para falar com Charles de Visscher, que, por serem difusas e não específicas como as controvérsias, ajustam-se com dificuldade ao seu encaminhamento por meio das normas do Direito Internacional Público (cf. Charles de Visscher, *Théories et realités en droit international public*, 4ª ed., Paris, Pedone, 1970, p. 91-105, 371-372). Uma das razões desta crise provém, para lembrar uma distinção de Raymond Aron, da heterogeneidade dos Estados e dos atores que integram o sistema internacional, que não compartem os mesmos princípios e valores da organização da vida coletiva. Por isso mesmo, são significativos os desafios que permeiam a sociedade internacional na construção de uma base comum voltada para, juridicamente, conferir uma certa estabilidade e previsibilidade à ordem mundial (cf. Raymond Aron, *Paix et guerre entre les nations*, 3ª ed., Paris, Calmann-Levy, 1962, p. 108-113, 514, 717).

Desta situação derivam aspectos relevantes do que pode ser qualificado como uma crise do Direito Internacional Público. Uma das suas facetas explicita-se nas incertezas da normatividade internacional – entre elas as dificuldades de diferenciar as aspirações de normatividade da *soft law* das normas da *hard law*. É o tema, que também afeta o costume, de uma normatividade de conteúdo variável, superiormente examinado por Prosper Weil no seu curso de Haia de 1992 (Prosper Weil, Le Droit International en quête de son identité, Cours géneral du droit international public, *Recueil des Cours*, tom. 237, VI, 1992, p. 4-370).

46 DIREITO INTERNACIONAL • Lafer

Outra faceta diz respeito à fragmentação do Direito Internacional Público, ou seja, à emergência, instigada pela globalização, de regimes jurídicos especiais voltados para a cooperação específica no campo do comércio, do meio ambiente, dos direitos humanos, das comunicações, da prevenção da criminalidade transnacional, da segurança, do mar, para dar alguns exemplos. A fragmentação foi objeto de um admirável relatório elaborado por Martti Koskenniemi para a Comissão de Direito Internacional da ONU. Nele o A. discute as novas dificuldades que provêm da pluralista diversificação e expansão do Direito Internacional. Entre elas o fato de não ser clara a relação *inter se* entre estes diversos regimes jurídicos que instauram normas de mútua colaboração entre os Estados (cf. Martti Koskenniemi, *Fragmentation of International Law: Difficulties arising from the diversification and expansion of International Law*, UN, General Assembly, A/CN.4L.G82, 13 April 2006).

As dificuldades de precisar juridicamente as relações *inter se* entre estes diversos regimes especiais exprimem uma crise do Direito Internacional Público Geral, pois a sua normatividade, de conteúdo variável, coloca em questão o paradigma da pirâmide normativa e o seu desdobramento no monismo jurídico internacionalista elaborados com tanto rigor e ressonância por Hans Kelsen no século XX. Num certo sentido pode-se dizer que esta crise exprime um fenômeno mais amplo no âmbito da Teoria Geral do Direito: o da passagem do modelo hierárquico da pirâmide para a horizontalidade da rede, para evocar a reflexão de Mario Losano. Nesta passagem, pirâmide e rede convivem e não é fácil para o jurista, nesta fluidez, captar o direito na rede dos conceitos ou identificá-lo na pirâmide normativa (cf. Mario Losano, Modelos Teóricos, inclusive na prática:

da pirâmide à rede. Novos paradigmas nas relações entre direitos nacionais e normativas superestatais, *Revista do Instituto dos Advogados de São Paulo*, nova série, ano 8, nº 16, jul.-dez. 2005, p. 264-284).

Não são de pequena monta as consequências práticas desta situação. Com efeito, na análise das funções do Direito Internacional Público, realça J. G. Merrills que uma das mais significativas é a de evitar a instabilidade da fricção num sistema descentralizado, provendo os Estados tanto com um padrão aceitável de conduta quanto indicando qual vai ser a provável conduta dos demais integrantes do sistema internacional (J. G. Merrills, *Anatomy of international law*, London, Sweet and Maxwell, 1976, p. 30). O exercício desta função pressupõe uma clareza que a atual obscuridade de uma normatividade de conteúdo variável dificulta. É neste contexto mais geral, que acabo de descrever, que se insere este livro de André Lipp Basto Lupi, *A indeterminação da prática no costume – uma crítica dos métodos do Direito Internacional*. O horizonte de sua preocupação teórica é ver de que modo, na situação contemporânea, é possível evitar que o Direito Internacional Público seja visto como um pós-moderno amontoado desconexo de asserções, destituído do mínimo da coerência de uma *unitas ordinis*. É a qualidade da *ratio* ordenadora do seu livro no trato desta matéria que cabe realçar neste texto.

– III –

Tenho muita alegria pessoal e grande satisfação intelectual de assinar este texto-prefácio, pois a origem do livro é a tese de doutorado que, sob minha orientação, André Lupi elaborou no âmbito da pós-graduação da Faculdade

48 DIREITO INTERNACIONAL • Lafer

de Direito da Universidade de São Paulo. Cabe dizer que, quando André Lupi iniciou o seu período de estudos de pós-graduação na Faculdade de Direito da USP, já era um estudioso intelectualmente maduro do Direito Internacional, com vários trabalhos de qualidade publicados, experiência docente, significativa participação em Grupos de Estudos e Congressos em nosso país e prévias preocupações com os problemas epistemológicos do conhecimento jurídico. Por isso mesmo o nosso convívio não foi o da tradicional relação orientador/orientando. Foi o estimulante diálogo entre um pesquisador mais velho e um *scholar* mais novo.

O ponto de partida deste diálogo foi a discussão abrangente sobre a relação entre Direito e Poder – um dos meus temas recorrentes na esteira das reflexões de Miguel Reale e Norberto Bobbio – focado nas características do sistema internacional. Daí nos encaminhamos para o exame da prática no Direito Internacional Público. As considerações sobre o tema tiveram como base inicial tanto a minha experiência sobre o papel da prática no funcionamento da Organização Mundial do Comércio quanto da relação entre a prática, na forma de antecedentes diplomáticos, e a sua relevância na elaboração da política externa brasileira.

Estes diálogos foram o pano de fundo que levaram André Lupi a identificar, na prática e nas dificuldades de sua determinação, o caminho para a discussão crítica do costume como fonte do Direito Internacional Público, no contexto mais amplo do tema da crise de normatividade internacional que acima sucintamente apontei.

Na elaboração do seu trabalho, André Lupi beneficiou-se de um estágio de pesquisa em Genebra, no *Institute Universitaire de Hautes Études Internacionales*, no qual contou com a assistência de um eminente internacionalista, o prof. Marcelo Kohen. Logrou, assim, também complementar a sua pesquisa mediante o acesso à biblioteca da ONU e a bibliotecas universitárias europeias. Dessa forma, respaldou o seu trabalho com atualizada bibliografia e segura e pertinente documentação, inclusive de natureza jurisprudencial.

Registro, em nota com tom pessoal, o bom uso que André Lupi fez dos estudos de Herbert W. Briggs – grande internacionalista norte-americano –, de quem tive o privilégio de ser aluno de pós-graduação na Universidade de Cornell e cuja memória evoco com saudade e admiração. Nesta mesma linha, observo como André Lupi soube valer-se, com muito discernimento, da reflexão do meu fraternal amigo e colega de docência na USP, Tercio Sampaio Ferraz Jr., indicando, desse modo, áreas de convergência entre a Filosofia do Direito e o Direito Internacional – convergência que é parte constitutiva do meu percurso intelectual.

A tese foi defendida em 15 de dezembro de 2006 e aprovada com distinção pela Comissão Julgadora. Integraram a Comissão, que presidi como seu orientador, os eminentes professores Vicente Marotta Rangel, José Francisco Rezek, José Carlos de Magalhães e Welber de Oliveira Barral. Todos consideraram o trabalho muito bem pesquisado, construído e defendido e representativo de uma original contribuição ao Direito Internacional Público e à Teoria Geral do Direito.

– IV –

André Lupi articula com muita clareza e rigor as etapas de sua reflexão de maneira que vou cingir-me a realçar alguns pontos de sua importante contribuição.

O seu ponto de partida é a noção do método jurídico, concebido como um caminho para a definição do direito válido no âmbito da dogmática jurídica, cuja função social é a decidibilidade de controvérsias com base no Direito. Daí a importância do método como um conjunto de procedimentos para diferenciar o que é Direito daquilo que não é Direito na atividade normal do jurista voltado para identificar, interpretar e aplicar normas jurídicas.

Na sociedade contemporânea, inclusive na sociedade internacional, o Direito está em constante mudança. Por isso é difícil identificar o jurídico pelo seu conteúdo. É por esta razão que a categoria da validade, elaborada como um conjunto de normas de reconhecimento do jurídico, adquire tanta importância na Teoria Geral do Direito.

Os critérios que conferem ao costume a sua dimensão de fonte do Direito Internacional são "a prova de uma prática geral aceita como sendo o Direito", para evocar o art. 38 (b) do Estatuto da Corte Internacional de Justiça. É muito completa a análise destes dois elementos empreendida por André Lupi.

Na sua discussão da prática, examina se a autoria desta se restringe ou não aos Estados; enfrenta o problema da assimetria do poder dos Estados na configuração do fato social que leva a prática a configurar-se como costume; trata das dicotomias declarações/omissões, objetor persistente/estoppel. Indica como os critérios tradicionais da prova que consubstanciam o elemento objetivo do costume, a saber, generalidade, constância e uniformidade, têm como objetivo implícito a construção de um Direito Internacional Público Geral. Observa como estes critérios se tornaram cada vez mais relativos com a diluição do caráter normativo do

Direito Internacional e com a sua crescente fragmentação que, por tabela, levam à fragmentação da prática. Daí, no seu conjunto, como parte da crise do Direito Internacional, a espiral de incertezas que o método jurídico enfrenta para comprovar a prática como o elemento objetivo que permita reconhecer uma das dimensões que cria o costume como norma jurídica.

Também é muito significativa a análise da *opinio juris* que atribui à prática a dimensão de norma consuetudinária. Menciono a discussão sobre como se dá, no espaço da elaboração da *opinio juris*, a incorporação dos valores na determinação das normas consuetudinárias. Faço igualmente referência ao problema da decrescente plataforma de valores e interesses universais compartilhados e as dificuldades que esta fragmentação traz para configurar uma prática como costume jurídico.

Da pesquisa sobre os dois elementos – a prática e a *opinio juris* – lastreada na ampla discussão da doutrina e da jurisprudência internacional, conclui o A. que a espiral das incertezas que elenca não é controlável pelo método jurídico, concebido com axiomático rigor sintático, tendo como horizonte do reconhecimento do Direito válido o ideal da segurança jurídica.

Atento à importância do método, necessário para o bom desempenho da função social da dogmática jurídica por meio da estabilização das premissas da argumentação jurídica, André Lupi elabora um caminho. Este caminho inspira-se na pragmática da comunicação e na contribuição que oferece para a dogmática jurídica concebida como uma dogmática de decisão. Realça como, num sistema como o internacional, caracterizado pela distribuição individual e desigual do poder entre os seus protagonistas, existem normas secundárias de adjudicação, mas carência de uma centralização que as unifique. Por isso são longas as cadeias de argumentação no âmbito do Direito Internacional Público. Aponta como o controle racional do discurso dá-se dentro da situação comunicativa na qual o debate é a instância de controle. Indica, assim, que a função do método é a de fornecer fórmulas de condensação dos argumentos que exigem uma fundamentação que leva, assim, a uma matriz conceitual que impõe limites à *inventio*.

O propósito do percurso de André Lupi na sua problematização da abordagem tradicional do costume como fonte do Direito Internacional Público não é o de empreender uma desconstrução, por meio do que qualifica de "engenharia reversa", com intento niilista. É o da revalorização do trabalho argumentativo dos jusinternacionalistas e do papel do Direito Internacional e de suas funções relativas à promoção da paz, da ordem, da cooperação, do cosmopolitismo e da solidariedade. É por conta desta sua visão e do saber que o livro revela que, concluindo, antecipo com confiança o muito que André Lupi contribuirá, como internacionalista, para os estudos jurídicos em nosso país.

PARTE II

Direito Internacional Econômico

4

O PAPEL DAS PRESIDÊNCIAS NO FUNCIONAMENTO DA ORGANIZAÇÃO MUNDIAL DO COMÉRCIO: UMA INTRODUÇÃO AO LIVRO DE ROBERTO KANITZ, *MANAGING MULTILATERAL TRADE NEGOTIATIONS, THE ROLE OF THE WTO CHAIRMAN*[1]

– I –

A competência para identificar interesses comuns e compartilháveis por diferentes países, a capacidade de administrar a desigualdade de poder entre Estados e a sensibilidade para mediar diversidades culturais e conflitos de valores constituem habilidades diplomáticas indispensáveis para quem lida com o grande desafio de estabelecer a ordem e conter a anarquia no atual sistema internacional interestatal (cf. Andrew Hurrell, *On Global Order*, Oxford, Oxford University Press, 2007, p. 2). Tal desafio representa uma questão importante de governança em muitas esferas da agenda contemporânea internacional e em atividades diárias de organizações internacionais que têm como meta a promoção de cooperação entre Estados. É certamente

---

[1] Tradução feita por Lavinia Porto Silvares Fiorussi, e por mim revista, do prefácio escrito em inglês a Roberto Kanitz, *Managing Multilateral Trade Negotiations*: the role of the WTO Chairman, London, Cameron, May 2011, p. VII-XXIX.

um assunto crucial para a OMC, a primeira organização internacional criada nos anos que sucederam a Guerra Fria como resultado do êxito da Rodada Uruguai do GATT, a qual conferiu, *ratione materiae* e *ratione personae*, uma dimensão mais abrangente e profunda ao sistema multilateral do comércio (cf. Celso Lafer, Réflexions sur l'OMC lors du 50e anniversaire du systeme multilateral commercial: L'impact d'un monde en transformation sur le Droit International Économique, *Journal du Droit International*, 125e anné (1998) no 4 – Octobre-Novembre-Décembre, p. 933-944).

Os notórios entraves para a conclusão da Rodada Doha, a proliferação de acordos regionais de comércio, a percepção de que o progresso nas relações comerciais da OMC poderia ser alcançado por meio de contenciosos comerciais em vez de negociações, o questionamento da globalização e de suas repercussões políticas configuram alguns dos temas que têm instigado debates sobre a governança da OMC. A questão de que se uma governança apropriada do sistema multilateral do comércio requer ou não uma reforma da arquitetura institucional da OMC tem levado formuladores de políticas e acadêmicos a respostas muito diferentes, de acordo com seus valores e perspectivas (cf. Debra P. Steger, The Future of the WTO: the case for institutional reform, *Journal of International Economic Law*, vol. 12, no 4, December 2009, p. 803-833; William J. Davey and John Jackson, edit. *The future of International Economic Law*, Oxford, Oxford University Press, 2008; Peter Sutherland (Chairman), Jagdish Bhagwati, Kwesi Botchwey, Niall Fitzgerald, Koichi Hamada, John H. Jackson, Celso Lafer, Thierry de Montbrial, The Future of the WTO – Addressing institutional challenges in the new millennium, *Report by the Consultative Board to the Director-General Supachai Panitchpakdi*, Geneva, WTO, 2004).

Não cabe aqui fazer uma análise geral sobre esse debate. No entanto, vale lembrar que tanto as discussões quanto as negociações comerciais na OMC são feitas em reuniões formais e informais conduzidas por presidências, que são relevantes na vida da diplomacia multilateral. Com efeito, a eficácia destas presidências, suas habilidades, limitações e autoridade representam um aspecto determinante da governança de organizações internacionais e, consequentemente, do impacto destas na governança de um sistema internacional.

É dessa questão fundamental, embora pouco estudada, da governança internacional – dentro do contexto específico das normas e dos procedimentos da OMC – que trata este livro, organizado e editado por Roberto Kanitz, dando foco ao papel das Presidências. Como ele define em seu texto, um Presidente é a pessoa "que organiza a comunidade da OMC para discutir e negociar temas sobre comércio internacional", presidindo órgãos que compõem a estrutura da OMC como uma organização intergovernamental internacional.

Como regra geral, um Presidente é um representante de um Membro da OMC, eleito por seus membros por consenso para um mandato específico de um ano, de acordo com os princípios de rotação e equilíbrio. Assim ocorre com os órgãos da OMC em Genebra, no processo da gestão de seus acordos. No entanto, como a "OMC poderá também servir de foro para ulteriores negociações entre seus Membros acerca de suas relações comerciais multilaterais" (Acordo de Marrakesh, art. III-2), há circunstâncias em que o Diretor-geral – que comanda o Secretariado – é chamado a exercer, em Genebra, a função de Presidente. Esse é o caso do Comitê de Negociações Comerciais (TNC, na sigla em inglês). O TNC, à luz da experiência prévia do GATT durante a Rodada Uruguai, foi restabelecido pela Declaração de Doha para facilitar as negociações comerciais contempladas na Declaração. É importante frisar, porém, que institucionalmente o TNC responde ao Conselho Geral da OMC.

Roberto Kanitz interessa-se particularmente pela função da OMC de cuidar do aprofundamento das negociações entre seus Membros em questão dos acordos multilaterais de comércio. Por isso ele dá atenção particular, em seu texto, à lógica diplomática específica das Conferências Ministeriais da OMC e de seus Presidentes *ex officio*. Em algumas delas, como ocorreu em Doha, novas negociações são lançadas, ou, como no caso de Seattle, resultam em fracasso.

Os Presidentes, como observa Roberto Kanitz, são "atores essenciais no jogo de xadrez das negociações multilaterais". São também atores cruciais no dia a dia da gestão dos acordos da OMC, já que é da responsabilidade dos órgãos da organização e de seus presidentes facilitar a implementação, administração e operação de Acordos Multilaterais de Comércio resultantes da Rodada Uruguai e, ao mesmo tempo, promover avanços nos objetivos do Acordo de Marrakesh que criou a OMC como um sistema multilateral de comércio com base em normas. A OMC, vale lembrar, não pertence ao sistema da ONU. Trata-se de uma organização internacional, com personalidade jurídica independente, responsável por fornecer "o quadro institucional comum para a condução das relações comerciais entre seus membros" (Acordo de Marrakesh, arts. I, II, III, 1; art. IV). Como tal, tem sua própria cultura diplomática, parte da qual configura um desenvolvimento progressivo do GATT, o predecessor da OMC, embora com um escopo muito mais amplo, *ratione materiae*, com um quadro de membros bem maior e um significativo "adensamento da legalidade", que provê um espaço eficaz para contenciosos comerciais que antes não existia.

A função do Presidente e as habilidades exigidas de uma pessoa responsável pelos procedimentos das reuniões são reconhecidas por todos que lidam com diplomacia multilateral. Trata-se certamente de algo visto como importante por todos que já tiveram experiência com a OMC – e, antes, com o GATT –, em que as questões de direito de cooperação econômica internacional, que são a *hard law* de normas obrigatórias, estão continuamente em jogo. Porém, essa função, como mencionei, não tem sido adequadamente estudada na literatura acadêmica.

É por isso que o primeiro mérito do texto de Roberto Kanitz, em torno do qual este livro está estruturado, é constituir-se em cuidadosa análise do papel das presidências na OMC na condução de reuniões, sejam as que lidam com *covered agreements* já existentes, sejam as que contemplam o aprofundamento das negociações.

Assim, Kanitz examina as normas formais sob as quais as presidências operam e suas limitações informais, dando a devida atenção para como podem, dependendo das questões e circunstâncias da discussão, fazer uso dos "amigos dos Presidentes", de facilitadores, de reuniões informais para consultas e valer-se de consultas discretas (chamadas "confessionais") com Membros individuais. O autor ressalta o motivo pelo qual os Presidentes devem sempre ter em mente a grande relevância e as dificuldades de um consenso no processo de tomada de decisões em uma organização com 153 Membros. Daí a importância da transparência e o consequente desafio de lidar com a participação e inclusão/exclusão nas fases preparatórias das reuniões que vão tratar de assuntos substanciais e complexos e nas quais é determinante a geometria variável do interesse dos Membros. Kanitz indica o motivo pelo qual os Presidentes precisam ater-se às sensibilidades da cultura diplomática da OMC, que se assume como uma "organização conduzida por seus membros", e como é imprescindível, para a eficácia de sua atuação, o conhecimento dos assuntos complexos que, *ratione materiae*, estão dentro do âmbito dos *covered agreements* ou podem ser objeto de aprofundamento das negociações. Enfatiza com razão como é necessário para um Presidente levar em conta que a OMC tem a vocação a uma filiação universal e tem, hoje, a maioria dos seus membros constituída por países em desenvolvimento como membros. Daí o motivo pelo qual a gestão da desigualdade do poder e a capacidade de lidar com conflitos de valores e de perspectivas constituem sempre um tema desafiador, muito mais do que ocorria previamente no GATT.

O exercício de uma Presidência na OMC implica um desafio funcional muito específico (um *dedoublement fonctionnel*, para usar um termo formulado pelo internacionalista francês Georges Scelle), como tive a oportunidade de afirmar em 1997, em meu discurso de despedida como Presidente do Órgão de Solução de Controvérsias (DSB, na sigla em inglês). O Presidente deve de fato ter a capacidade de transcender os interesses particulares de um Membro que representa, buscando uma imparcialidade que beneficie a Organização e todos os seus Membros (WT/DSB(97)/ST/1 – 31 January 1997, p. 1). Como Presidente, um representante de um Membro deve deixar de lado os interesses nacionais específicos. Deve, na função, argumentar em prol dos interesses mais amplos e sistêmicos daquilo que a OMC representa para todos os seus Membros como um bem público internacional, para relembrar os termos que usei em meu discurso de despedida em 1998 como Presidente do Conselho Geral (WT/GC(98)/ST/1 – 24 February 1998, p. 4).

O *modus operandi* dos Presidentes, conforme analisa Roberto Kanitz, e as normas formais e informais que os guiam em suas atividades, como imparcialidade, objetividade, inclusão, transparência, têm como objetivo assegurar que operem como mediadores honestos, detentores de uma perspectiva de conjunto e não a do Membro que representam na OMC.

O Presidente, como uma pessoa *ex officio*, responsável formalmente pela organização e pela condução das reuniões da comunidade da OMC – nas quais assuntos de comércio são discutidos e negociados –, tem de operar como um *tertius inter partes* para ser um mediador honesto. Um *tertius inter partes* na política pode exercer muitos papéis: o de um aliado, o de um espectador neutro, o de alguém que se beneficia da situação, dela se valendo para fins de *divide et impera*. Pode também ser um *tertius* em favor da paz e do entendimento mútuo – um *tertius juxta partes* –, buscando reconciliar os posicionamentos e encontrar uma base comum entre as diferentes partes envolvidas (cf. Pier Paolo Portinaro, *Il Terzo – una figura del politico*, Milano, Franco Angeli, 1986). Para ter êxito nesse papel possuindo uma visão do bem comum da OMC, o Presidente tem de ser um *tertius* neste último sentido. As normas formais e informais elaboradas para guiar o *modus operandi* dos Presidentes, como discute Roberto Kanitz, almejam a institucionalização desse papel dentro da OMC, tendo em mente a heterogeneidade de seus Membros, suas diferentes perspectivas e valores e a realidade da desigualdade de poder. O Presidente deve ter, resumindo, a postura e as habilidades necessárias para mobilizar os interesses comuns compartilháveis entre seus Membros.

O Presidente detém, formalmente e de fato, conforme Roberto Kanitz assinala, um grande controle dos processos das reuniões. No entanto, ele possui pouco controle sobre os seus resultados, relacionados a discussões e negociações sobre comércio. Para atingir resultados com sucesso, o Presidente conta com os conhecidos métodos diplomáticos da solução pacífica de controvérsias nas quais o *tertius inter partes* opera como um *tertius juxta partes*, aplicando-os ao cenário multilateral da OMC, em que a regra-mestra é o consenso.

Refiro-me à solução pacífica de controvérsias porque na concepção da OMC e também do GATT uma ideia importante era a relação positiva entre a paz e o comércio: o comércio como um caminho para refrear o impacto de preconceitos, promovendo uma interdependência produtiva entre as Nações, de acordo com o ensinamento clássico de Montesquieu, Kant e Benjamin Constant. Nas palavras do Secretário de Estado dos EUA Cordell Hull, cujas ideias influenciaram a criação da ordem econômica mundial depois da Segunda Guerra (e o GATT é um resultado disso): "a paz duradoura e o bem estar das nações estão indissoluvelmente atrelados à amizade, justiça, igualdade e ao grau máximo de liberdade praticável no comércio internacional" (cf. Cordell Hull, *Economic Barriers to Peace*, N.Y., W. Wilson Foundation, 1937, p. 14, citado em K. Dam, *The Gatt Law and International Economic Organization*, Chicago, the University of Chicago Press, 1970, p. 12; Norberto Bobbio, *Teoria Generale della Politica*, Torino, Einaudi, 1999, p. 489).

Assim, pode-se ter nas discussões e negociações de comércio: os bons ofícios do Presidente para encorajar os Membros a negociar e também providenciar canais de comunicação adicionais; a mediação como um empenho ativo de persuasão do Presidente, transmitindo propostas de Membros a outros Membros e sugerindo informalmente outras propostas, tendo em mente informações reunidas nas consultas; a conciliação, como um empenho ainda mais intenso do que a mediação, que ocorre quando uma proposta do Presidente, destinada a solucionar questões em jogo em uma negociação, é apresentada aos Membros. Esse é o caso quando um Presidente submete aos Membros uma proposta de sua própria responsabilidade que considere, com fundamento em seus conhecimentos e informações, ser viável como uma base comum para o entendimento entre as partes (cf. J. G. Merrils, *International Dispute Settlement*, 2nd ed., Cambridge, Cambridge University Press, 1993).

Um Presidente pode ser mais ou menos proativo como um *tertius inter partes*, dependendo de suas habilidades diplomáticas, de seu conhecimento especializado, de sua experiência diplomática, de sua personalidade, do quanto sua autoridade é reconhecida e, é claro, da complexidade e sensibilidade das questões em jogo e do contexto político e econômico no qual ocorrem as reuniões que são de sua responsabilidade, *ex officio*, organizar e conduzir para discutir assuntos da OMC.

No exercício de sua função, os Presidentes devem ter uma boa relação de trabalho com o Secretariado, o qual possui um caráter internacional conforme explicitado no Acordo de Marrakesh, de acordo com o Direito Internacional das organizações internacionais. O Secretariado detém a memória das atividades, experiências e dos precedentes do passado, e o conhecimento da "lei viva" da OMC. Assim, o

Presidente se beneficia substancialmente, no exercício de suas atribuições, ao se ancorar sabiamente nas informações e nos conselhos que membros competentes do Secretariado são capazes de oferecer – como pude testemunhar e devidamente reconhecer nos discursos de despedida acima mencionados como Presidente do OSC e, subsequentemente, do Conselho Geral da OMC.

O Secretariado pode também fornecer ao Presidente, como Roberto Kanitz menciona, pesquisas técnicas e informações técnicas confiáveis. Nesse contexto, as atividades do Presidente se beneficiam de um outro método clássico de solução de controvérsias, a investigação, em que uma avaliação objetiva das questões abre caminho para entendimentos e acordos.

Roberto Kanitz demonstra, como mencionei, um interesse especial pelas funções da OMC como um foro para aprofundar as negociações entre seus Membros. Daí seu interesse pelas Conferências Ministeriais, pelo papel de seus Presidentes e do Diretor-geral e suas considerações acerca da razão pela qual a Conferência Ministerial de Seattle fracassou no lançamento de novas negociações e a de Doha teve êxito em preparar um Mandato, que ainda não veio a ser concretizado. Em suas considerações, Kanitz se apoia no excelente livro de Mike Moore, *A World Without Walls* (Cambridge, Cambridge University Press, 2003), no qual o ex-Diretor-geral reflete sobre o que deu errado em Seattle e o que funcionou em Doha. O livro de Moore é uma reflexão baseada na experiência muito esclarecedora do que aconteceu em Doha – como posso dar meu testemunho tendo participado das reuniões formais e informais e das negociações do "Green Room" como chefe da Delegação Brasileira daquela

Conferência Ministerial. Roberto Kanitz também enriquece seu texto ao se fundamentar no conhecimento das muitas personalidades que tiveram uma experiência viva da OMC e a quem ele teve o cuidado de entrevistar.

Etimologicamente, "experiência" vem do latim *experiri*, de *ex* e *periri*, passar por, e daí conhecimento adquirido por tentativa e erro. A experiência é uma fonte importante de conhecimento, e é por isso que Roberto Kanitz complementou seu livro trazendo à colação a reflexão a vários ex-Presidentes da OMC sobre suas experiências, obtendo assim uma compreensão mais ampla dos temas e desafios de que trata em seu texto.

Para enfatizar a importância desses textos e a contribuição do "balanço" que trazem a compreensão da função das presidências na OMC, vale lembrar a clássica e conhecida afirmação de Oliver W. Holmes: "Cabe mostrar que a consistência de um sistema exige um resultado específico, mas isso não é tudo. A vida do direito não foi a lógica, e sim a experiência." Experiência das "necessidades sentidas em cada época, da presença das teorias morais e políticas predominantes, das intuições de políticas públicas, declaradas ou inconscientes..." (Oliver Wendell Holmes, *The Common Law*, edited by Mark De Wolf Howe, Boston, Little, Brown and Comp., 1963, p. 5).

– II –

Os nove textos, dos quais passo a tratar agora, representam um complemento muitíssimo relevante para se compreender de forma ampla a função de um Presidente. Constituem uma expressão de como seus autores, pensando sobre suas experiências e de acordo com suas perspectivas e atribuições, agiram por erro e acerto a partir das "necessidades sentidas em cada época".

É interessante observar de saída que os autores e os tópicos de que tratam fornecem uma perspectiva ampla e variada da função que uma presidência desempenha. Presidentes e negociadores da Bélgica, do Brasil, da Índia, do Japão, de Hong Kong, da Tanzânia, dos Estados Unidos e do Uruguai discutem sobre suas experiências, cobrindo uma ampla gama de desafios e atribuições: nos órgãos regulares da OMC (Conselho Geral, Órgão de Solução de Controvérsias, Antidumping, TBT, TRIPS etc.), nos órgãos de negociação da Rodada Doha (por exemplo, na Sessão Especial de Agricultura), nas Conferências Ministeriais, na Presidência do Órgão de Apelação e nos órgãos que cuidam da acessão de novos países na OMC.

O foco deste livro recai sobre a atuação de um Presidente, mas vale mencionar que, por meio do olhar dos entrevistados, expressam-se muitas perspectivas e informações relevantes sobre a história do GATT, da transição do GATT para a OMC, sobre as Conferências Ministeriais de Cingapura, Seattle, Doha e Cancun, e os dilemas que circundam a negociação de Doha.

Carlos Pérez del Castillo, diplomata uruguaio experiente e prestigiado, ex-presidente de muitos órgãos da OMC, tece em seu texto comentários relevantes sobre o processo de "tornar-se e de ser" um Presidente e sobre as habilidades e os conhecimentos que se esperam dele – inclusive o de conduzir o Secretariado, e não ser conduzido por ele durante o exercício de sua função.

A questão de conduzir e não ser conduzido configura um tema recorrente e um desafio significativo para os diplomatas, *qua* Presidentes, em sua interação com o Secretariado de organizações internacionais. Vale mencionar que a cultura da OMC de ser uma organização conduzida por seus membros não enfraquece a relevância efetiva da advertência de Carlos Pérez del Castillo.

O foco principal de sua exposição diz respeito a sua experiência como Presidente do Conselho Geral no contexto dos preparativos para a Conferência Ministerial de Cancun. Ele indica até que ponto deve se levar as negociações, mostrando que é conveniente "deixar os negociadores jogarem o jogo para que depois os ministros cobrem os pênaltis", expressando, com isso, sua visão do que devia ser feito em Genebra pelos embaixadores e do que podia ser eficazmente conduzido em uma Conferência Ministerial na qual os temas – como foi o caso de Cancun – se relacionavam com as complexidades do aprofundamento de negociações contempladas pelo Mandato de Doha. Ele aponta a existência de uma lacuna institucional entre o Presidente do Conselho Geral e o Presidente da Conferência Ministerial durante as reuniões de uma Conferência Ministerial e as consequências disso em Cancun. Avalia como Cancun foi prejudicada pela erosão de confiança entre os Membros, e mostra-se adequadamente crítico da forma pela qual o ministro das relações exteriores do México, Luis Derbez, como Presidente da Conferência Ministerial, conduziu os conflitos e as diferenças entre os Membros sobre as questões do Mandato de Doha. Conclui falando de seu empenho no período que sucedeu Cancun para, como Presidente do Conselho Geral, trazer de volta as pautas de Doha a Genebra, concentrando-se em quatro

68 DIREITO INTERNACIONAL • Lafer

pontos centrais – Agricultura, NAMA, Questões de Cingapura e Algodão.

Ali Mchumo, da Tanzânia, apresenta muito claramente os
desafios de um Presidente, vistos da perspectiva de um país
em desenvolvimento – inclusive aqueles relativos à sobre-
carga das delegações que têm limites de recursos humanos
e materiais. Enfatiza a importância do "tratamento especial
e diferenciado" na OMC, tendo em mente o preâmbulo do
Acordo de Marrakesh, que aborda as necessidades de evolução econômica dos países em desenvolvimento. Enfatiza
o problema, para estes últimos, do que foi a inclusão dos
acordos TRIPS e TRIMS dentre os *covered agreements* da Rodada Uruguai e de seus receios diante das novas questões
lançadas e abordadas na Reunião Ministerial de Cingapura
(normas trabalhistas e ambientais, medidas de investimento, políticas de concorrência, compras governamentais e
facilitação comercial). Observa como as normas trabalhistas
foram delegadas à OIT (Organização Internacional do Trabalho) e como, para as demais questões, foram feitos aprofundamentos dos processos analíticos na OMC. Considera
que o manejo exitoso desses temas sensíveis em Cingapura
se deve a esforços conjuntos de cooperação entre o então
Diretor-geral da OMC, Renato Ruggiero, o então Presidente
do Conselho Geral, o embaixador suíço William Rossier, e
o então Ministro de Comércio de Cingapura, Yeo Cheow
Tong, que presidiu a Conferência Ministerial. As conquistas
daqueles que em Cingapura desempenharam tão bem seus
papéis de *tertius inter partes* contrastam com o fracasso em
Seattle, acompanhado de perto pelo embaixador Mchumo,
na função de Presidente do Conselho Geral nesse período.
As diferenças substanciais entre países desenvolvidos e em
desenvolvimento sobre os temas em pauta, bem como os

movimentos antiglobalização que circundaram a Conferência, fazem parte da explicação do fracasso. Ainda assim, aspectos centrais dos problemas de Seattle têm a ver com a marginalização processual dos países em desenvolvimento no processo de negociações e com a lacuna institucional entre o Presidente do Conselho Geral e a Presidente da Conferência Ministerial – a Representante do Comércio dos Estados Unidos Charlene Barshefsky, situação agravada pela sua falta de sensibilidade diplomática. Nesse sentido, seus comentários aproximam-se das observações acima mencionadas do Embaixador Carlos Pérez del Castillo sobre Cancun e a atenção menos que adequada dada às normas formais e informais que deveriam guiar os Presidentes, examinadas por Roberto Kanitz em seu texto.

O embaixador Mchumo afirma também que, como Presidente do Conselho Geral, teve a responsabilidade de lidar com a eleição de um novo Diretor-geral para substituir Renato Ruggiero. Esse processo exigiu longas consultas com Membros, e por isso muito tempo foi gasto com esse assunto, deixando menos espaço em Genebra para os preparativos para Seattle. A responsabilidade pela escolha de um novo Diretor-geral, parte da implementação regular dos acordos da Rodada Uruguai, evidencia que o dia a dia da gestão dos acordos nem sempre era assunto trivial. Mchumo recebeu ajuda nas consultas do ex-presidente do Conselho Geral, Embaixador Rossier. Tais consultas são um bom exemplo da técnica de "confessionais" mencionada por Roberto Kanitz, como posso testemunhar por ter participado no início do processo ao lado do Embaixador Rossier, como ex-Presidente do Conselho Geral, antes de deixar Genebra para integrar o Ministério do Presidente Fernando Henrique Cardoso. Como se sabe, o Conselho Geral, com base nas consultas, chegou a uma sucinta lista de dois nomes, e selou um acordo salomônico atribuindo o cargo para um mandato de três anos a cada um dos finalistas, começando por Mike Moore, da Nova Zelândia, que tinha uma pequena vantagem sobre Supachai Panitchpakdi, da Tailândia, que assumiu nos três anos seguintes.

Andrew L. Stoler, um negociador do USTR experiente e muito bem informado, e subsequentemente membro de alto escalão do Secretariado, escreve sobre presidências no GATT e na OMC. Como se sabe, não é prática da OMC ter na Presidência de seus principais órgãos representantes dos EUA e da Comissão Europeia, uma vez que esses, por serem atores de grande expressão no sistema multilateral do comércio, teriam dificuldades para atuar e serem vistos como *tertius juxta partes* e mediadores imparciais. Stoler, no entanto, teve uma participação ativa na vida do sistema multilateral de comércio e foi um Presidente com um papel diferente: o do Grupo de Trabalho da acessão da Ucrânia à OMC. Trata-se de uma função importante e especial no rol das Presidências da organização, pois a expansão do número de membros constitui um aspecto de sua vocação para a universalidade e exige negociações complexas. Estas não estão relacionadas às negociações entre membros, mas àquelas entre o Membro em acessão e todos os demais num processo que envolve a aprovação de uma agenda de concessões e compromissos em relação ao *acquis* de normas e benefícios do sistema multilateral de comércio (cf. Acordo de Marrakesh, art. XII; Decisão para Aceitação e Acessão do Acordo que estabelece a OMC). Portanto, com base em suas experiências, um dos aspectos interessantes do texto de Stoler é a análise das atividades do Embaixador Pierre-Louis Girard, da Suíça, como presidente do Grupo de Trabalho no processo de acessão da China à OMC. Essas negociações levaram muitos anos, e a China tornou-se um Membro integral da OMC durante a Conferência Ministerial de Doha, um evento de significação histórica para o âmbito *ratione personae* do sistema multilateral de comércio, com impacto no processo subsequente de tomadas de decisão da organização.

A abordagem básica de Andrew Stoler parte das escolhas que ele fez para examinar, à luz de sua experiência, a atuação dos Presidentes que foram responsáveis por grandes realizações durante os anos do GATT e no período inicial da OMC. Ele mostra bem o que um Presidente de Conferência Ministerial é capaz de realizar quando enfatiza as habilidades diplomáticas de Enrique Iglesias, Ministro das Relações Exteriores do Uruguai, na reunião do GATT em Punta del Este que lançou a Rodada Uruguai. Stoler mostra a importância da minuta de Dunkel, elaborada pelo ex-Diretor-geral do GATT, e o motivo pelo qual constituiu uma contribuição material decisiva para que Peter Sutherland, seu sucessor no cargo de Diretor-geral, pudesse usá-la no processo que levou à conclusão da Rodada Uruguai. Stoler relembra as atividades do Embaixador Lars Anell, da Suécia, como Presidente do grupo de negociações que produziu o acordo TRIPS. Enfatiza com afeição e respeito o papel do Embaixador Julio Lacarte, do Uruguai, na Presidência das negociações que levaram ao Entendimento da Solução de Controvérsias e ao Acordo de Estabelecimento da OMC, bem como sua contribuição para os anos iniciais do Órgão de Apelação, do qual foi o primeiro presidente.

Stoler avalia a atuação do Embaixador Don Kenyon, da Austrália, como primeiro Presidente do Órgão de Solução

72 DIREITO INTERNACIONAL • Lafer

de Controvérsias da OMC e as dificuldades que enfrentou e resolveu na seleção dos primeiros sete Membros do Órgão de Apelação, dando a devida atenção para os bastidores, onde ocorriam as pressões dos EUA e da Comissão Europeia. Analisa os motivos do êxito de Renato Ruggiero na reunião Ministerial de Cingapura em que, como Diretor-geral da OMC, se tornou Presidente das negociações que levaram à Declaração Ministerial de Cingapura. Dentre os motivos figuram as reuniões formais e informais que foram decisivas para sua atuação e também a ajuda valiosa que recebeu de dois Adjuntos do Secretariado, Warren Lavorel, dos EUA, e Anwar Hoda, da Índia, que compreenderam o que funcionava e o que não funcionava na Comunidade diplomática da OMC em Genebra. O texto de Andrew Stoler complementa, nesse sentido, em relação a Cingapura, o texto do Embaixador Mchumo, previamente examinado neste prefácio.

Em minha visão, Andrew Stoler de fato elabora, com o complemento do texto do Embaixador Mchumo, um bom retrato do que ocorreu no processo que levou às realizações de Cingapura e dos méritos de Renato Ruggiero na gestão desse percurso. Eu acrescentaria à sua observação o forte compromisso institucional de Ruggiero na OMC, com base em minha experiência de ter participado, como Embaixador brasileiro na OMC, de muitas reuniões informais em Genebra e no "Green Room" em Cingapura como Membro da Delegação Brasileira presidida pelo Ministro das Relações Exteriores Luiz Felipe Lampreia (cf. Celso Lafer, *A OMC e a regulamentação do comércio internacional – uma visão brasileira*, Porto Alegre, Livraria do Advogado, 1998, p. 41-79).

Andrew Stoler encerra seu texto com a atuação de Stuart Harbinson, representante de Hong Kong, como Presidente do Conselho Geral em 2001, o ano crítico da Conferência Ministerial de Doha. Dentre seus comentários, vale lembrar a consciência que Stuart Harbinson tinha de que uma das dificuldades processuais de Seattle era um texto repleto de observações de desacordo enviado de Genebra para a Conferência Ministerial. Então, ele decidiu mandar uma minuta de texto sem colchetes de ressalvas para os Ministros que se encontrariam em Doha. Em sua carta de apresentação, Harbinson afirmava que a minuta não estava plenamente consensuada porque havia diferenças, as quais, no entanto, ele não identificava explicitamente. A forma como Stuart Harbinson lidou com o desenvolvimento dessa minuta de Declaração ilustra bem – e em linha com os interesses do ensaio de Roberto Kanitz – como um Presidente bem informado e proativo com um bom julgamento do que é ou não realizável, em acordo com as "necessidades sentidas em cada época", pode contribuir para as discussões e negociações de comércio da OMC.

Jean Charles Van Eeckhaute expõe, em seu texto, a perspectiva de um Membro da Comissão Europeia baseado em Bruxelas com experiência de negociador em cenários formais e informais da OMC. Seu foco – muito relevante – tem natureza mais acadêmica. Ele lida com a mutante geografia do multilateralismo do comércio que tem levado a uma variação na balança de poder na OMC em prol dos países em desenvolvimento e a um crescente envolvimento de Ministros nas negociações do Mandato de Doha. Ele assinala que a OMC e as negociações de comércio são parte do debate sobre a globalização e não ignora a relevância dos interesses e restrições nacionais para a formação do que pode ou não ser inserido na pauta de negociação e com que extensão. Analisa de forma muito interessante as reuniões informais – discutidas por Roberto Kanitz em seu texto –, que são uma parte relevante da vida da OMC, e como se relacionam tanto à variável geometria de interesses quanto ao novo peso dos Membros em desenvolvimento, em especial o Brasil, a Índia e a China, no processo de tomada de decisões. Isso foi levando a um estilo diferente de ação diplomática em comparação com o que costumava ser o papel do QUAD (EUA, União Europeia, Japão e Canadá) na construção de consenso por meio da abordagem dos "círculos concêntricos". Discute o formato restrito do "Green Room" e os desafios relacionados a suas práticas, as Mini-Ministeriais, o G-20, o processo das FIPS (*Five Interested Parties*, ou Cinco Partes Interessadas) envolvendo União Europeia, EUA, Brasil, Índia e Austrália, o G-4 (Brasil, União Europeia, Índia e EUA), o G-6 (o G-4 mais Austrália e Japão) e o G-6 mais a China.

A análise de Jean Charles Van Eeckhaute configura, nesse sentido, uma contribuição para o entendimento, no contexto da OMC, da propagação na esfera internacional das reuniões informais de países no formato múltiplo dos Gs que refletem uma crescente multipolaridade econômica e política. Os Gs, na OMC, respondem à geografia em mudança do multilateralismo comercial. Ajudam os negociadores comerciais porque certamente são mais representativos do poder e dos interesses do mercado hoje em dia do que era o QUAD anteriormente. Mas é justamente por causa de sua informalidade que não podem automaticamente traduzir os eventuais resultados de seu entendimento em consenso dos 153 Membros da OMC. Jean Charles Eeckhaute mostra também que a OMC, em não sendo parte do sistema da ONU e de suas normas e procedimentos, possui flexibilidade para adaptar-se às mudanças na ordem econômica mundial e ao surgimento de novos atores através da incorporação de suas

O Papel das Presidências no Funcionamento da Organização Mundial do Comércio **75**

práticas informais no formato dos Gs. Essa flexibilidade, porém, não garante a eficácia dos resultados das negociações comerciais.

Julio Lacarte tem sido, como diplomata uruguaio, um participante ativo no sistema multilateral de comércio desde seus primórdios. Seu texto é uma destilação de sabedoria acumulada, fruto de uma grande experiência. Ilustra com muitas lembranças de suas várias responsabilidades multilaterais quais são as exigências e habilidades que um Presidente deve possuir – um dos interesses centrais do texto de Roberto Kanitz. Discute muitas facetas das negociações da Rodada Uruguai e sua atuação como Presidente das bem-sucedidas negociações sobre matérias institucionais e de solução de controvérsias – conquistas que são devidamente elogiadas no texto de Andrew Stoler mencionado acima. Representaram um grande avanço, surtindo um efeito positivo no restante das negociações que levaram à criação da OMC. Ele foi escolhido para ser Membro do Órgão de Apelação e eleito como seu primeiro Presidente, e considera que essa experiência representa um ponto alto em sua longa trajetória no GATT e na OMC.

O Órgão de Apelação é um raro caso no Direito Internacional daquilo que pode ser considerado, por analogia com o Direito interno, um tribunal de segunda instância, no qual podem ser questionados assuntos legais decididos por um *panel*, em primeira instância, e interpretações da lei desenvolvidas por um *panel*. O Órgão de Apelação é um aspecto importante do que chamei de "adensamento da legalidade" da OMC, particularmente de seu sistema de solução de controvérsias em comparação com o que havia antes no GATT (Celso Lafer, *The World Trade Organization*

Dispute Settlement System (Gilberto Amado Lecture) – Geneva, United Nations, 1996).

A criação de um Órgão de Apelação representava uma inovação e se afastava da cultura do GATT. Julio Lacarte, com sua experiência prévia, atuou, como Presidente do Órgão de Apelação, como ponto de conexão entre os Membros dessa instância que não estavam acostumados com as práticas anteriores do GATT e sua "jurisprudência diplomática" e os representantes da OMC que naquele momento ainda estavam muito imersos na tradição do GATT, sem o hábito de um sistema regido por normas. Ele cumpriu, assim, um papel decisivo no processo de institucionalização e aprovação de um Órgão de Apelação na estrutura da OMC, conforme posso testemunhar como Presidente do Órgão de Solução de Controvérsias nesse período formativo.

Lacarte explica então que, atuando como Presidente do Órgão de Apelação e querendo reforçar sua autoridade, buscou decisões consensuais, em acordo com as práticas do GATT e, depois, da OMC. Desse modo, com respeito mútuo, paciência, tolerância e um fluxo de ideias constante e sem entraves, conseguiu estabelecer uma cultura jurídica sem nenhuma tendência à prática de opiniões minoritárias divergentes, que são tão comuns em tribunais nacionais e internacionais. Recebeu ajuda, nesse processo, de uma colegialidade criada *praeter legem* pelos procedimentos de trabalho do Órgão de Apelação, o qual formou um sistema regular e institucionalizado de consultas entre todos os membros do Órgão de Apelação sobre qualquer caso com a devida observação da responsabilidade legal integral da Divisão formada por três Membros que, em sistema de rotação, podem atuar em qualquer caso específico.

Tais procedimentos de trabalho e o sistema de colegialidade foram elaborados pelo Órgão de Apelação durante a Presidência de Lacarte contando com consultas ao Presidente do Órgão de Solução de Controvérsias e ao Diretor-geral (Entendimento Relativo a Normas e Procedimentos sobre Solução de Controvérsias, art. 17, 9). Voltarei a falar do sistema de colegialidade mais à frente neste texto na discussão sobre a contribuição de Luiz Olavo Baptista, que recentemente atuou como Presidente do Órgão de Apelação – depois, portanto, de seus anos formativos –, e também quando for discutir minha própria experiência, já que esses procedimentos de trabalho resultaram de consultas que mantive como Presidente do Órgão de Solução de Controvérsias.

Para concluir, basta dizer que o estilo de jurisprudência do Órgão de Apelação – tão relevante para o Direito Internacional contemporâneo e para os Membros no dia a dia da gestão dos acordos na OMC – deve muito ao impacto duradouro da Presidência de Julio Lacarte.

Mohan Kumar, da Índia, relata sua experiência como Presidente de órgãos mais técnicos da OMC, como o Comitê de Barreiras Técnicas ao Comércio e o Comitê Antidumping. Esses órgãos, no dia a dia da gestão de acordos, lidam com aspectos decisivos relacionados ao fluxo de comércio no contexto da cultura de uma organização conduzida por seus membros. Exige-se de um Presidente, conforme Kumar assinala, um domínio de detalhes técnicos. Observa que um excelente negociador não vai se tornar necessariamente um bom Presidente porque isso implica um compromisso com o *dedoublement fonctionnel* imprescindível para o exercício da função de *tertius*. Porém, um Presidente deve ser um bom negociador para atuar como mediador honesto na busca

78 DIREITO INTERNACIONAL • Lafer

de uma base comum de entendimento entre os membros, mesmo no dia a dia da gestão de acordos. É indispensável também ter um tino político na avaliação do impacto de um sistema multilateral regido por normas no mundo em que a OMC atua.

Stuart Harbinson, que, como representante de Hong Kong, atuou como Presidente de vários órgãos da OMC e se tornou posteriormente um Membro de alto escalão do Secretariado, emite reflexões iluminadoras baseadas em sua rica e diversificada experiência. Contextualiza, em seu texto, os diferentes papéis que um Presidente pode exercer – de líder, observador distanciado, mediador, criador, de consenso etc. – dependendo, por um lado, das características do órgão que preside e, por outro, das "necessidades sentidas em cada época". Adverte contra os riscos que devem ser evitados por um Presidente. Dentre eles, os relativos a receber muita pressão de Membros influentes e a ouvir maus conselhos do Secretariado. Harbinson expõe, na primeira parte de seu texto, os desafios que um Presidente tinha de enfrentar nos anos formativos da OMC em virtude da ausência de precedentes e da necessidade de pôr em ordem as exigências basilares de uma organização muito mais complexa que o GATT.

Atuando como primeiro Presidente do Conselho dos TRIPS, ele conduziu as negociações com a OMPI – a Organização Mundial da Propriedade Intelectual – prevista pelo Acordo TRIPS (Acordo sobre Aspectos dos Direitos de Propriedade Intelectual Relacionados ao Comércio, art. 68). A cooperação com órgãos da OMPI é exemplo das obrigações gerais, estabelecidas no Acordo de Marrakesh, referentes à necessidade de acordos com outras organizações intergovernamentais que atuam em matérias relacionadas às da

OMC – como é o caso das Convenções sob responsabilidade institucional da OMPI (cf. Acordo de Marrakesh, art. V, 1; Acordo sobre Aspectos dos Direitos de Propriedade Intelectual Relacionados ao Comércio, arts. 1 e 2). A construção de mecanismos de cooperação do tipo que Stuart Harbinson pôs em prática ilustra o tema da coerência e coordenação horizontais – uma questão de governança do sistema internacional. Eles são uma consequência do fato de a OMC ser uma organização independente que não é formalmente ligada ao sistema da ONU, mas que em muitos aspectos mantém uma inter-relação com ele. Os acordos dessa natureza fazem parte da base construída nos anos formativos da OMC. Às vezes, suas negociações tiveram que lidar com a preservação da dimensão horizontal da coerência cooperativa ligada às normas da OMC enquanto organização internacional com independência jurídica. Foi o caso dos acordos com as instituições de Bretton Woods, os quais analisarei mais adiante neste prefácio, com base em minha própria experiência (cf. Peter Sutherland et al., The Future of the WTO – Addressing institutional challenges in the new millennium, *Report by the Consultative Board to the Director-General*, Supachai Panitchpakdi, Geneva, WTO, 2004, Chap. IV, p. 35-40).

Como Presidente do Órgão de Solução de Controvérsias em 2000, Stuart Harbinson também enfrentou aspectos de inovação relacionados aos procedimentos do sistema de solução de controvérsias não contemplados no Entendimento Relativo a Normas e Procedimentos sobre Solução de Controvérsias. Esse foi o caso da aceitação das alegações *amicus curiae* – alegações preparadas e escritas por aqueles que não são formalmente partes ou terceiros de uma controvérsia.

80 DIREITO INTERNACIONAL • Lafer

Stuart Harbinson dá atenção especial ao período em que presidiu o Conselho Geral com atribuições na preparação da Reunião Ministerial de Doha. A partir do fiasco de Seattle, ele concluiu que o texto a ser enviado para Doha precisava ter uma natureza diferente, conforme assinalou Andrew Stoler. Harbinson explica os procedimentos de consulta que tinham por meta uma "fase de construção de confiança muitíssimo necessária" para superar a desconfiança gerada por Seattle. Observa com razão que o Diretor-geral Mike Moore havia acabado de assumir suas atribuições quando ocorreu a Conferência de Seattle, mas no processo posterior que levou a Doha ele já tinha uma boa ideia do que era necessário para o sucesso. Enfatiza a grande eficácia das ações de cooperação. No processo preparatório que tinha por meta atingir consenso no tempo devido, Harbinson considera muito relevante a abordagem "de baixo para cima" dos seus proponentes no processo negociador. Explica também a importância das discussões sobre os "Mecanismos de Revisão da Implementação", que eram uma exigência fortíssima dos países em desenvolvimento para integrar na pauta seus problemas de desenvolvimento dentro do contexto da OMC. Trata-se de uma perspectiva, vale lembrar, que reverbera no texto do Embaixador Mchumo acima mencionado. Harbinson atenta para a dificuldade da questão da Agricultura durante o processo preparatório. E conclui suas considerações observando que os eventos de 11 de setembro de 2001 ajudaram no êxito da Conferência Ministerial de Doha, mas que isso só foi possível e viável graças ao trabalho de base realizado durante o processo preparatório.

Depois da Reunião Ministerial de Doha, atuando como Presidente do Conselho Geral, Stuart Harbinson tinha a tarefa de dar formatação à máquina de negociação. Parte disso foi o estabelecimento do Comitê de Negociações Comerciais (TNC, na sigla em inglês) por parte do Conselho Geral e as negociações que levaram à aprovação de conferir a Presidência do Comitê ao Diretor-geral, embora suas atividades devessem ser supervisionadas regularmente pelo Conselho Geral. Esse é o contexto de um caso raro, em que uma presidência na OMC encontra-se sob a responsabilidade do Secretariado – um ponto que mencionei ao comentar o texto de Roberto Kanitz. Stuart Harbinson atuou também na Presidência das difíceis Negociações da Agricultura, e assinala o impacto sobre elas dos indesejáveis sinais exteriores de gastos agrícolas adicionais por parte dos EUA, autorizado pela Lei de Segurança Agrícola e Investimento Rural de 2002 e também do atraso na reforma da Política Agrícola Comum na União Europeia. A contribuição do Secretariado para uma presidência, vista da perspectiva de um Presidente que depois se tornou Membro-sênior do Secretariado, também é ponto de discussão no texto de Stuart Harbinson.

Concluindo suas reflexões, Harbinson assinala os limites daquilo que um Presidente pode realizar, independentemente do quão habilidoso e bem-informado ele seja: "Um Presidente na OMC é servo dos Membros e vítima da História. Ele só consegue realizar o que é possível a partir de um dado conjunto de circunstâncias e restrições."

As circunstâncias e restrições das prolongadas negociações de Doha são o pano de fundo do texto do Embaixador Shotaro Oshima, do Japão, Presidente do Conselho Geral de fevereiro de 2004 a fevereiro de 2005. Seu texto ilustra os variados fatos e facetas dos processos, resultando no pacote de julho de 2004, em princípio um passo significativo para as negociações de Doha, até hoje inconclusivas. Ele discute

82 DIREITO INTERNACIONAL • Lafer

como assumiu as áreas mencionadas pelo Embaixador Carlos Pérez del Castillo em seu texto, relativas ao empenho para colocar as negociações de Doha de volta aos trilhos depois da fracassada Reunião Ministerial de Cancun. Analisa as questões cruciais relacionadas à Agricultura e ao NAMA (Acesso a Mercados de Bens Não Agrícolas, na sigla em inglês), explica como as questões de Cingapura estavam circunscritas à facilitação comercial e descreve como os temas de desenvolvimento – particularmente o tratamento especial e diferenciado e a implementação – foram abordados. Conclui com vários detalhes sobre como esse pacote de 2004 foi produzido e finalmente aprovado pelo Conselho Geral, sem deixar de mencionar seu empenho para ter contato com o máximo possível de negociadores, tendo em mente sua experiência com a dinâmica do processo de negociações comerciais ao atuar como Membro da delegação japonesa nas Ministeriais de Seattle, Doha e Cancun.

O último dos nove textos comentados aqui foi escrito por Luiz Olavo Baptista, eminente professor brasileiro de Direito Internacional e advogado, Membro do Órgão de Apelação e que depois terminou seu mandato como Presidente desse órgão. O papel de Presidente do Órgão de Apelação é diferente de todos os outros, já que, para usar a fórmula de Roberto Kanitz, ele não organiza a comunidade da OMC para discutir e negociar temas de comércio internacional. É responsável, como resultado do adensamento da legalidade da OMC, por supervisionar o Órgão de Apelação, um órgão que lida com matérias jurídicas como, por analogia com o direito interno, um Tribunal de Segunda Instância. Contudo, o Presidente do Órgão de Apelação não tem a função de um Ministro do Supremo como no direito interno nem tem as atribuições de um Presidente da Corte Internacional de Justiça, do Tribunal Europeu dos Direitos Humanos ou do Tribunal Penal Internacional. Por isso, Luiz Olavo Baptista descreve, para fins comparativos, as normas dos tribunais internacionais acima mencionados e, com base em sua própria experiência, explica quais são na prática as atribuições para "a orientação geral da condução do Órgão de Apelação" de incumbência de seu Presidente, eleito pela maioria dos Membros para um mandato de um ano extensível por mais um.

A capacidade de um Presidente do Órgão de Apelação de ajudar a abrir caminhos, de forma mais ou menos ativa, depende, é claro, de sua personalidade, sua relação positiva com os colegas e de um reconhecimento coletivo, conferido pelos Membros do órgão e pelos juristas do Secretariado, de sua autoridade moral e conhecimento da lei – um aspecto central da reputação em um Tribunal.

O Presidente do Órgão de Apelação, na tradição constituída por Julio Lacarte, busca o consenso nos casos que são submetidos para decisão. Nesse processo, conta com o princípio de colegialidade da troca de ideias, em que todos os Membros encontram-se presentes na discussão de cada caso, e opera como facilitador, buscando conciliar as diferentes visões sobre a aplicação e interpretação da lei da OMC. O empenho para chegar a decisões consensuais reforça a legitimidade do Órgão de Apelação dentro e fora do contexto da OMC. A decisão consensual efetivamente consolida a jurisprudência do Órgão de Apelação e auxilia a comunidade da OMC a compreender que a aplicação e interpretação da lei são atividades diferentes das negociações comerciais e da elaboração de leis. Além disso, já que o recurso ao sistema de solução de controvérsias tem se tornado cada vez mais significativo – como alternativa ao impasse atual nas negociações comerciais –, as decisões consensuais sustentam a função legal dessa alternativa. É por essas razões que o Presidente abre caminho para que as ações de tomada de decisão aumentem e mantenham a reputação do Órgão de Apelação.

Um dos efeitos do princípio de colegialidade da troca de ideias é oferecer também uma oportunidade regular para o Presidente organizar as discussões e decisões relativas às questões administrativas e organizacionais do Órgão de Apelação. Resumindo, Luiz Olavo Baptista explica em seu texto o papel *sui generis* do Presidente do Órgão de Apelação em comparação com seus equivalentes nos tribunais internacionais e também a razão de suas habilidades serem diferentes daquelas exigidas dos Presidentes de órgãos regulares da OMC. A única analogia possível, mas limitada, que posso acrescentar é em relação aos Presidentes dos Painéis, com a ressalva de que o Presidente do Órgão de Apelação tem um cargo de responsabilidade muito maior no sistema de solução de controvérsias, sendo o *primus inter pares* de uma institucionalizada segunda instância, responsável por decisões jurídicas definitivas.

– III –

Gostaria de encerrar esta introdução com algumas breves considerações baseadas na minha própria experiência, que são complementares aos temas deste livro e pertinentes aos desafios envolvidos no trabalho de base realizado pelas presidências nos anos formativos da OMC.

O Acordo de Marrakesh tratou da meta de promover maior coerência na formulação de políticas na economia mundial, e definiu que a OMC, como uma de suas funções, deveria cooperar, conforme o adequado, com o FMI e o Banco Mundial (Acordo de Marrakesh, III, 5). Daí a ênfase especial dada aos trâmites com as instituições de Bretton Woods, de acordo com a obrigação geral de atuar em coordenação horizontal com outras organizações intergovernamentais que tiverem atribuições relacionadas àquelas da OMC (Acordo de Marrakesh, art. V, 1). No caso do FMI, há cláusulas do GATT 1994 (art. XV: 1, 2, 3; arts. XII e XVIII) – remanescentes do GATT 1947 – e do GATS (arts. XI, XII e XXVI) referentes a consultas sobre matérias em que há uma ligação entre comércio e assuntos financeiros (por exemplo, regimes de câmbio e restrições ao comércio de bens e serviços para garantir o balanço de pagamentos).

Uma das questões das negociações com o FMI e o Banco Mundial, conduzidas pelo Diretor-geral com a supervisão do Conselho Geral, referia-se à concessão recíproca de estatuto de observador nos órgãos de todas as três organizações. Da perspectiva de Genebra, a intenção era colocar a OMC – considerando sua dimensão recente em comparação ao GATT – em pé de igualdade com as instituições de Bretton Woods, para realçar a relevância do comércio na formulação de políticas da economia mundial. Na experiência anterior do GATT, o FMI tinha uma função importante reconhecida pelo Comitê que tratava das restrições comerciais pertinentes aos problemas do Balanço de Pagamentos, mas não se conferia ao GATT uma participação ativa nas instituições de Bretton Woods.

Nas discussões preliminares da reunião do Conselho Geral de 11 de julho de 1995, alguma preocupação foi suscitada por Membros que expressaram relutância em conferir ao FMI o estatuto de observador no Órgão de Solução de Controvérsias (WT/G6/M/5, 17 de agosto de 1995, p. 7). Os motivos para isso deviam-se ao adensamento da legalidade do Sistema de Solução de Controvérsias da OMC e à preservação da autonomia jurídica do sistema frente a influências e decisões externas indevidas.

Em 1996, quando os acordos foram submetidos em reuniões informais aos países-membros da OMC, percebeu-se que não eram claros o bastante em relação à preservação da independência do Sistema de Solução de Controvérsias, mesmo não conferindo, de forma explícita, o estatuto de observador ao Fundo e ao Banco Mundial no Órgão de Solução de Controvérsias (DSB, na sigla em inglês) e nos painéis de solução de controvérsias.

A solução desse problema, para a qual contribuí como Presidente do Órgão de Solução de Controvérsias, constituiu num acréscimo formal aos dois documentos por meio de comentários aos acordos correspondentes com o FMI e o Banco Mundial. Esses comentários eram explícitos em afirmar a independência jurídica do Sistema de Solução de Controvérsias em relação a suas decisões e foram aprovados pelo Conselho Geral em suas reuniões de 7, 8 e 13 de novembro de 1996 (cf. WT/L/195, 18 de novembro de 1996). Eles foram previamente preparados e acordados mutuamente pelo Secretariado da OMC e pelas equipes do FMI e do Banco Mundial. Nos preparativos dos comentários feitos pelo Secretariado da OMC, na função de Presidente do Órgão de Solução de Controvérsias, enfatizei as preocupações dos países-membros em relação à independência do Sistema de Solução de Controvérsias da OMC. Elas foram devidamente registradas nos comentários dos dois acordos. Também discuti a questão com o então Diretor Executivo brasileiro no FMI, Alexander Kafka – muito estimado no Fundo, onde teve uma carreira longa e eminente. Ressaltei a ele a importância de transmitir ao jurídico do FMI, em função das características do novo Sistema de Solução de Controvérsias da OMC, que era fundamental que as decisões do FMI referentes à situação do Balanço de Pagamentos e aos assuntos de câmbio fossem consideradas de muita importância, mas não obrigatórias para os propósitos das decisões dos Painéis ou do Órgão de Apelação. Mencionei que o direito dos Painéis de buscar informação (Entendimento Relativo a Normas e Procedimentos sobre Solução de Controvérsias, art. 13) não excluía a possibilidade de obtê-la de outras fontes relevantes para chegar a uma decisão. Concluindo, os dois documentos anexos de comentários serviram como contribuição para a adequação (a ressalva "conforme adequado") dos acordos da OMC com as instituições de Bretton Woods e, como tal, representaram um trabalho de base dos anos formativos em relação a preservar o novo sistema de comércio multilateral baseado em normas criado na Rodada Uruguai.

Passo agora às questões discutidas nos textos de Andrew Stoler, Julio Lacarte e Luiz Olavo Baptista sobre o Órgão de Apelação. O início de seu funcionamento representou um traço identificador do meu mandato como Presidente do Órgão de Solução de Controvérsias, conforme recordei em meu discurso de despedida (cf. WT/DSB(97), ST/1, p. 2). O funcionamento do Órgão de Apelação exigia regras de procedimentos de trabalho que, de acordo com o art. 179 do Entendimento Relativo a Normas e Procedimentos sobre Solução de Controvérsias, deveriam "ser formulados pelo Órgão de Apelação em consulta com o Presidente do OSC e com o Diretor-geral, e comunicados aos Membros para sua instrução".

Como Presidente ingressante, aprovado formalmente a partir da lista de nomes submetida à reunião do Conselho Geral de 13 de dezembro de 1995, participei com o então Presidente do Órgão, Embaixador Don Kenyon, de várias consultas mantidas com o Órgão de Apelação em dezembro de 1995 e janeiro e fevereiro de 1996. Junto com ele, ouvi outras perspectivas que as delegações desejavam transmitir ao Órgão de Apelação referentes a suas regras de procedimentos de trabalho, de acordo com o parágrafo 14 da Recomendação sobre o Estabelecimento do Órgão de Apelação, aprovado pelo OSC em 10 de fevereiro de 1995 (cf. WT/DSB/1 e WT/DSB, 15 de março de 1996, p. 4-5).

As regras de procedimentos de trabalho do Órgão de Apelação foram transmitidas aos Membros com uma carta de apresentação de Julio Lacarte, seu primeiro Presidente (cf. WT/AB/WP/W1, 7 de fevereiro de 1996), e constituíram objeto de consultas informais que mantive em 19 de fevereiro. Tais consultas almejavam oferecer uma avaliação técnica sobre seus artigos gerais, os quais se tornaram juridicamente efetivos em 15 de fevereiro. Constaram da pauta oficial do OSC em 21 de fevereiro de 1996, a qual eu tinha a função de presidir, tendo sido efetivamente eleito na reunião do OSC de 31 de janeiro de 1996 (WT/DSB/M/10, p. 5).

Como disse, participei ativamente de consultas com o Órgão de Apelação sobre as regras de procedimentos de trabalho. As discussões foram muito produtivas, e minha experiência como professor de Direito ajudou em nossa troca de ideias. Um dos aspectos centrais dessas consultas era a questão da "colegialidade". Estava convencido de que ela abriria caminho para reforçar a consistência e a coerência da jurisprudência do Sistema de Solução de Controvérsias, embora os casos individuais não constituíssem um precedente obrigatório. Ainda assim, poderiam atuar como um guia que promovesse segurança e previsibilidade na aplicação e interpretação da lei da OMC. Isso significava uma vantagem sistêmica, na minha visão como Presidente, para todos os Membros da OMC e, de modo geral, para o sistema multilateral baseado em normas criado pela Rodada Uruguai. Estava também seguro de que a colegialidade, de acordo com as regras de procedimentos de trabalho do Órgão de Apelação, não comprometeria a plena responsabilidade jurídica pelos entendimentos e decisões atribuídos à Divisão dos três, a qual tinha jurisdição em cada caso específico de acordo com a norma explícita do Entendimento Relativo a Normas e Procedimentos sobre Solução de Controvérsias. Portanto, eu apoiava a inovação *praeter legem* contida nos Procedimentos de Trabalho.

A carta de apresentação, juntamente com as regras de procedimentos, foi enviada a mim pelo Presidente do Órgão de Apelação, Julio Lacarte, e examinava as muitas facetas de suas características gerais, tendo em mente as preocupações dos Membros da OMC que tanto eu quanto Don Kenyon transmitimos durante as consultas. É claro que, como um participante ativo das negociações do GATT e da Rodada Uruguai, Julio Lacarte tinha conhecimento amplo da cultura diplomática da OMC, e compôs a carta de apresentação com a sensibilidade de quem participara das atividades, práticas e negociações do GATT.

Na fala que proferi na reunião do OSC de 21 de fevereiro de 1996, referente ao item de pauta sobre as regras de Procedimento de Trabalho do Órgão de Apelação, tive a responsabilidade de explicar o motivo pelo qual tais regras de procedimentos entraram legalmente em vigor no dia 15 de fevereiro, de acordo com as normas do Entendimento Relativo a Normas e Procedimentos sobre Solução de Controvérsias. Depois de afirmar que um dos aspectos das consultas que mantive tinha o objetivo de familiarizar o Órgão de Apelação com as sensibilidades da OMC e sua "atmosfera carregada de opiniões", eu disse: "O Artigo 17.9 do DSU (Entendimento sobre Solução de Controvérsias, na sigla em inglês) não contempla um processo de negociação e nem uma aprovação formal pelo OSC dos procedimentos de trabalho do Órgão de Apelação. As consultas contempladas na Decisão sobre o Estabelecimento do Órgão de Apelação, mantidas pelo DSU e OSC, tinham natureza de conselho – *consilium* –, portanto aconselhando o Órgão de Apelação para seu próprio benefício, e não submetendo o órgão a uma ordem – *praeceptum*. Observei que São Tomás distinguia *praeceptum* – ordem – de *consilium* – conselho –, dizendo que o primeiro implica em uma necessidade de obedecer, enquanto o segundo dá opções para aqueles que o recebem." Assim, o Órgão de Apelação atuava de acordo com sua competência e é por isso que os procedimentos de trabalho entraram legalmente em vigor a partir de 15 de fevereiro. Dando a devida atenção à atmosfera carregada de opiniões no âmbito do Órgão de Solução de Controvérsias, disse também que os Procedimentos de Trabalho poderiam ser alvo de emendas por meio dos procedimentos definidos na Norma 32 (Cf. WT/DSB/M/11 e 19 de março de 1996, p. 10). É claro que eu tinha em mente que a carta de apresentação do Presidente do Órgão de Apelação dizia que a intenção era manter seus Procedimentos de Trabalho sob constante revisão. Assim, eu transmiti devidamente ao Órgão de Apelação as preocupações sobre seus procedimentos de trabalho, inclusive sobre o sistema de colegialidade, comunicadas pelas delegações do México, Egito, da Índia, dos EUA, do Chile, Canadá e da Comunidade Europeia, e anotadas pelo OSC (cf. WT/DSB/M/11 e 19 de março de 1996, p. 10-14).

Esse foi o último passo formal para a instituição da colegialidade da troca de ideias e seu duradouro impacto, o qual mencionei ao discutir o texto de Julio Lacarte. Também expressei informalmente minha opinião sobre o funcionamento da colegialidade; em cada caso específico, os Membros da Divisão dos três eram responsáveis pelo *praeceptum*, e os outros quatro membros pelo oferecimento de *consilium* – conselho, que dava opções para que a Divisão decidisse o que era ou não relevante ou adequado.

A última questão que gostaria de abordar se refere à Reunião Ministerial de Cingapura, discutida em muitos textos deste livro. A Declaração de Cingapura, que trata da preocupação sobre a marginalização dos países menos desenvolvidos no funcionamento da OMC – o que reverbera no texto do Embaixador Mchumo –, concebia uma "Estrutura Integrada". Ela deveria se basear em uma cooperação mais próxima entre a OMC e outras agências multilaterais que tivessem atribuições relativas a desenvolvimento, comércio, finanças e assistência técnica. Tais agências – FMI, Banco Mundial, UNCTAD (Conferência das Nações Unidas sobre Comércio e Desenvolvimento, na sigla em inglês), PNUD, CCI (um esforço conjunto da OMC e da UNCTAD) – fazem parte do sistema da ONU e de suas normas. A ideia preliminar de uma Reunião de Alto Nível a ser sediada em Genebra para colocar a Estrutura Integrada em andamento consistia em uma reunião formal conjunta de todas as agências.

Durante os preparativos preliminares para essa reunião, na função de Presidente do Conselho Geral, a China declarou em termos muito claros que uma reunião dessa natureza era, para ela, inaceitável, e que pretendia contestá-la na ONU. Na visão da China, uma reunião com as agências da ONU contando com a presença de Taiwan (Taipei Chinesa) equivaleria a um reconhecimento de sua soberania. Não se tratava, porém, de um problema jurídico para a China dentro da OMC, onde ambos – China e Taiwan – possuíam estatuto de observador, em consequência de seu processo de acessão, já que não apenas Estados, mas também territórios aduaneiros em posse de total autonomia de suas relações comerciais externas, podem ser membros da OMC (Acordo de Marrakesh, art. VII). Assim, ao término da negociação pelo fim da Administração Britânica, Hong Kong tornou-se Hong Kong, China, um membro distinto da China, que só teve sua acessão como membro integral da OMC – assim como Taiwan – depois, em Doha.

Como Presidente do Conselho Geral, depois de extensivas consultas com os Membros, a solução foi fazer uma Reunião de Alto Nível no âmbito jurídico da OMC, criando uma estrutura integrada em que o Secretariado e as equipes das agências da ONU trabalhassem com a OMC, seus Membros e Secretariado, para organizar e discutir a Estrutura Integrada. A Estrutura Integrada e seus desenvolvimentos são exemplos da coordenação horizontal que a OMC, com a flexibilidade de não fazer parte da ONU, foi capaz de pôr em prática, beneficiando sistemicamente o sistema multilateral de comércio e, ao mesmo tempo, resolvendo um grande

O Papel das Presidências no Funcionamento da Organização Mundial do Comércio **93**

problema político levantado pela China. Isso demonstra a vantagem de a OMC ser uma organização internacional independente, como também assinalou Jean Charles Van Eeckhaute em seu texto.

Para terminar, gostaria de dizer que estou ciente de ter escrito uma introdução um tanto longa. Sua extensão se deve ao meu desejo de amarrar os fios de todos os textos deste livro, com o objetivo de enfatizar a total relevância de sua contribuição para o entendimento de um tema decisivo no âmbito diplomático, mas que tem recebido, no entanto, pouca atenção acadêmica. Acrescento que o escrevi com prazer pessoal e intelectual, na recordação estimulante de meus anos na OMC e em minha convicção sobre a importância permanente do sistema multilateral de comércio.

5

REFLEXÕES SOBRE A INSERÇÃO DO BRASIL NO SISTEMA DE SOLUÇÃO DE CONTROVÉRSIAS DA OMC[1]

– I –

No percurso de Luiz Olavo Baptista são múltiplas as facetas que suscitam a melhor admiração. Mencionei algumas delas no discurso com o qual, em 1994, o saudei, celebrando sua posse como professor titular de Direito do Comércio Internacional na Faculdade de Direito da USP. Naquela ocasião sublinhei a relevância contemporânea da sua disciplina, indicando que esta relevância está vinculada à expansão do mundo do comércio em função do processo de internacionalização das economias nacionais, que foi se acelerando no pós-Segunda Guerra Mundial. Apontei que o trato das questões de Direito do Comércio Internacional tem uma complexidade própria que transita pelo criativo e consistente manejo de duas das mais conhecidas dicotomias com as quais usualmente se organiza a vida jurídica: Direi-

---

[1] Reflexões sobre a inserção do Brasil no sistema de solução de controvérsias da OMC, in Umberto Celli Junior, Maristela Basso, Alberto do Amaral Junior (coords.), *Arbitragem e Comércio Internacional. Estudos em homenagem a Luiz Olavo Baptista*, São Paulo, Quartier Latin, inverno de 2013, p. 933-969.

to Público/Direito Privado; Direito Internacional/Direito Nacional. Com efeito, nas relações jurídicas que tratam do fluxo e refluxo de recursos, bens e serviços através das fronteiras, objeto, por excelência, do Direito do Comércio Internacional, incidem normas de múltiplas e diversificadas procedências. Estas normas são tanto nacionais, internacionais ou provenientes das práticas e dos usos, como é o caso da *lex mercatoria*, quanto de distintas hierarquias, cabendo lembrar que normas imperativas de origem nacional e internacional delimitam a autonomia da vontade das partes e o poder dos juízes e dos árbitros na determinação da lei aplicável às relações jurídicas, objeto do Direito do Comércio Internacional.

Por isso mesmo é problemática a ordenação do pluralismo jurídico da *living law* do Direito do Comércio Internacional, em especial num mundo como o atual, que opera em rede e no qual a globalização vem diluindo o papel econômico das fronteiras dentro das quais tradicionalmente os ordenamentos jurídicos nacionais ofereciam critérios mais claros para o encaminhamento do conflito das leis no espaço. A porosidade jurídica das fronteiras tornou necessário o alargamento teórico e prático tanto de conhecidas categorias do Direito Internacional Privado, como o reenvio e a recepção, quanto o manejo da multiplicidade dos elementos de conexão que articulam a internacionalidade de uma relação jurídica com mais de um sistema jurídico. Estas novas realidades do mundo do Direito requerem uma nova cartografia, como disse Luiz Olavo no seu discurso de posse como professor titular da Faculdade de Direito da USP. Registro, com admiração, que ao seu mapeamento unindo teoria e prática vem ele se dedicando, muito consciente do desafio representado pelo fato de que o pluralismo das fontes do Direito do Comércio

Internacional não tem o mesmo rigor e coerência das normas do reconhecimento de sua validade, que caracterizam a clássica pirâmide normativa dos ordenamentos jurídicos nacionais.

No *work in progress* dos horizontes desta elaboração cartográfica, Luiz Olavo tem se valido de uma *ars combinatoria* que tem como ingredientes: uma visão de Direito Comparado, aberto ao multicultural para, ao lidar com o nacional e o estrangeiro, assimilar diferenças e encontrar uma gramática comum que permita tanto a harmonização quanto a hibridação; uma recorrente avaliação das características básicas da dinâmica do funcionamento dos contratos internacionais que não se cingem às normas de conduta inerentes à compra e venda, mas incluem, *inter alia*, as normas de organização da cooperação que permeiam as relações jurídicas contratuais dos investimentos e das *joint ventures*; uma experiência e concomitante reflexão sobre as arbitragens comerciais internacionais nas quais se imbricam Direito Público e Direito Privado, Direito Nacional e Direito Internacional; uma vocação para enfrentar os novos desafios da interpretação jurídica provenientes da prática do Direito do Comércio Internacional e uma sensibilidade própria na análise de conhecidos temas da teoria geral do direito, como o da boa-fé e da fraude à lei, que têm características próprias no Direito do Comércio Internacional.

Um novo campo do Direito do Comércio Internacional a que vem se dedicando Luiz Olavo e que é posterior à sua posse como professor titular da disciplina na Faculdade de Direito da USP provém da criação da Organização Mundial do Comércio, que resultou da conclusão, em 1994, das negociações da Rodada Uruguai do GATT e que ensejou um inovador papel para o Direito na vida econômica internacional, com destaque para o seu sistema de solução de controvérsias. A importância e o alcance desta nova cartografia têm sido, no correr dos anos, a partir da complementar perspectiva de um estudioso do Direito Internacional Público Econômico, tema permanente do meu diálogo e da minha fraterna parceria com Luiz Olavo. Assim, pareceu-me pertinente contribuir para este *liber amicorum* em sua homenagem, com algumas reflexivas considerações sobre a inserção do Brasil no sistema de solução de controvérsias da OMC – inserção, como é sabido, para a qual Luiz Olavo deu e vem dando uma relevante contribuição não só na condição de estudioso e advogado, mas como a do jurista brasileiro que integrou o Órgão de Apelação (2001-2009) e o presidiu (2008).

Entendo oportuno iniciar estas considerações trazendo à colação minhas reflexões e análises, anteriores à criação da OMC, sobre solução de controvérsias no âmbito do Direito Internacional Público Econômico. Foram, com efeito, o pano de fundo a partir do qual, na travessia da condição de professor para a do exercício de funções diplomáticas, passei a ocupar-me da matéria ao assumir, em 1995, as responsabilidades de Embaixador, Chefe da Missão Diplomática do Brasil em Genebra, com incumbências próprias junto à recém-criada OMC.

– II –

A OMC foi fruto das negociações da Rodada Uruguai do GATT. O GATT tinha um sistema de solução de controvérsias cuja base eram os seus arts. XXII e XXIII, que se foi aprimorando pela prática, no correr dos tempos, indicando o papel dos usos e costumes não apenas na dinâmica da *lex mercatoria* do Direito do Comércio Internacional Privado, mas também no âmbito do Direito Internacional Público Econômico.

Num texto de 1971, "O GATT, a cláusula da nação mais favorecida e a América Latina",[2] analisei este sistema que John H. Jackson considerava um quebra-cabeça jurídico. Na elucidação de suas características vali-me da reflexão de Robert Hudec que apontou que a sua nota específica era a de ser uma jurisprudência diplomática que ensejava a flexibilidade de um sistema aberto a negociações.

A flexibilidade afastava o sistema de uma dimensão propriamente jurídica. Com efeito, não só o consenso das partes, como numa arbitragem, era necessário para a instalação de um *panel* pela instituição, vale dizer, para a participação de um *tertius* na avaliação de uma disputa, como para a adoção de suas conclusões, pois a falta de consenso do demandante ou do demandado bloqueava o andamento da questão. Também as decisões dos *panels* não eram representativas de uma adjudicação, mas sim etapas de discussões. Exploravam o equilíbrio de vantagens e desvantagens e aventavam as possibilidades tanto da eliminação de uma medida ilegal nos termos dos dispositivos do GATT quanto de ajustes compensatórios.

A concepção deste sistema, que se foi consolidando na vida do GATT, era a de aplicar um "direito" dentro de um espectro de preocupações substantivas, não necessariamente limitadas a uma clara distinção jurídica entre o "legal" e o "ilegal". Era, como diria Luiz Olavo, um exemplo de um

---

[2] Publicado, *inter alia*, na *Revista de Direito Mercantil* nº 3, ano X, 1971, p. 41-56.

mecanismo vizinho de um sistema jurídico de solução de disputas comerciais,[3] que foi sendo construído, com suas especificidades próprias, no âmbito do Direito Internacional Público Econômico e que tem características distintas das do Direito do Comércio Internacional. Teve a sua origem nas negociações da Carta de Havana – da qual o GATT foi um desdobramento – e estava animado por uma concepção que visava não consolidar uma perspectiva estritamente jurídica de solução de controvérsias, mas dar espaço para a negociação diplomática.

A fluidez do sistema, que tinha como horizonte negociações, observava eu no meu texto de 1971, dificultava o seu pleno uso pelos países em desenvolvimento – inclusive o Brasil, que foi parte-contratante originária do GATT. Com efeito, estes não tinham significativo *locus standi* negociador na medida em que não eram "principais fornecedores" ou "principais consumidores" dos produtos cobertos, *ratione materiae* pelo GATT, que deram a dinâmica de funcionamento deste modelo jurídico de cooperação econômica internacional, voltado para os benefícios de liberalização do comércio internacional.

O sistema possuía, no entanto, as suas virtudes e seus méritos. Introduzia uma obrigação de comportamento que era a obrigação de consulta prevista no art. XXII do GATT, que dava a qualquer parte-contratante a faculdade de levantar questões relacionadas ao seu funcionamento e estipulava que a parte-contratante demandada deveria dar à matéria *sympathetic consideration* e criar oportunidades para o seu exame e

---

[3] Cf. Luiz Olavo Baptista, *Arbitragem comercial e internacional*, São Paulo, Lex Magister, 2011, p. 27-29.

encaminhamento. As consultas, quando não bem-sucedidas, davam margem para a criação de um *panel* com base no art. XXIII, que tratava de *nullification and impairment* para uma parte-contratante, dos benefícios que deveriam caber-lhe de acordo com os objetivos do GATT.

Em síntese, o sistema do GATT administrava disputas comerciais sob a égide de um processo institucionalizado de cooperação de Direito Internacional Público, e criou, com sua "jurisprudência diplomática", múltiplas oportunidades para conciliar interesses. Daí a razão pela qual foi sendo consolidado e aperfeiçoado em vários documentos do GATT, dos quais o mais significativo é a Decisão de 1989, sobre o seu aprimoramento (Decision on Improvements to the GATT Dispute Settlement Rules and Procedures of 12 April 1989), que é o ponto de partida do que veio a ser o sistema da OMC. É significativa a jurisprudência do sistema do GATT, numerosos foram os casos submetidos à sua apreciação, muitos equacionados com *rulings* dos *panels*, outros negociados e outros que não tiveram andamento.[4]

O Brasil participou como demandado e demandante do sistema do GATT e vários brasileiros integraram os seus *panels*. Entre eles, George A. Maciel, que presidiu três *panels,* Carlos Marcio Cozendey e C. A. Rego Santos Neves, que participaram, cada um deles uma vez, de um *panel*, o que quer dizer que a posterior inserção do Brasil no sistema de solução de controvérsias da OMC teve o lastro prévio da experiência do sistema do GATT.

---

[4]   Cf. Analytical Index, *Guide to GATT Law and Practice*, 6th ed., Geneva, GATT, 1994, em especial p. 565-734; p. 592-598, contém a decisão de 1989.

– III –

Em 1973, dando sequência aos meus estudos de Direito Internacional Público Econômico, examinei o Convênio Internacional do Café de 1962 e 1968.[5] Estes Convênios eram acordos intergovernamentais de produtos primários muito distintos, na sua concepção, do modelo jurídico do GATT, posto que consagravam uma combinação de mercado e de quotas de exportação na regulação de preços e volumes e estavam voltados para a cooperação entre países produtores e países consumidores de café. Acordos deste tipo foram contemplados na Carta de Havana, que também está na origem do GATT. O insucesso da Carta de Havana não trouxe a dessuetude de sua regulamentação, pois foram subsequentemente negociados sob a égide de um Comitê Provisório do Conselho Econômico e Social da ONU e considerados uma das exceções gerais reconhecidas pelo art. XX do GATT (art. XX, *h*, e respectiva nota interpretativa), o que, diga-se de passagem, era uma consequência lógica do fato de os produtos agrícolas não estarem, naquela época, para todos os efeitos, no âmbito do GATT.

No meu texto, discuti o litígio entre o Brasil e os EUA sobre café solúvel que se iniciou sob a égide do Convênio de 1962 e levou, por ocasião da renovação do acordo, em 1968, a um artigo, o art. 44, que estabeleceu procedimentos especiais para o café industrializado, independentes da sistemática de consultas, litígios e reclamações tanto do Convênio de 1962 quanto do de 1968. Com base no art. 44 instaurou-se, em 1969, uma Junta Arbitral composta por

---

[5] Cf. O Convênio Internacional do Café, publicado, *inter alia*, em *Revista de Direito Mercantil* nº 9, ano XII, 1973, p. 24-58.

David Horowitz dos EUA, Paulo Egydio Martins do Brasil e presidida por Bengt Odevall da Suécia.

A análise de como atuou esta Junta Arbitral comportava aproximação com o sistema da jurisprudência diplomática do GATT, que eu tinha previamente estudado. No correr dos procedimentos, a posição brasileira foi superiormente representada pelo Embaixador George Alvares Maciel, que mais adiante notabilizou-se como Embaixador do Brasil em Genebra, de 1974 a 1983, com destaque para a sua atuação no GATT, tendo presidido a Conferência de suas Partes-Contratantes em 1976 (o antecedente organizacional do Conselho Geral da OMC) e sido um ativo participante da Rodada Tóquio e da Rodada Uruguai de negociações, além de ter presidido, como mencionei, três *panels* do seu sistema de solução de controvérsias.

Nas discussões perante a Junta Arbitral, os norte-americanos questionavam o que entendiam ser um favorecimento ao café industrializado brasileiro quando comparado ao café verde, que equivaleria a um tratamento discriminatório em relação aos EUA porque prejudicial às indústrias americanas de solúvel. Cabe lembrar que os EUA não levaram o assunto ao GATT porque avaliaram que, no contexto do GATT, seria muito difícil considerar as medidas do governo brasileiro um subsídio ilegal à exportação.

O cerne jurídico da questão era a existência ou não de tratamento discriminatório, e o Brasil arguiu de maneira substantiva a inexistência de discriminação, realçando que a posição norte-americana tinha como objetivo subtrair aos países produtores de café e participantes do Convênio quaisquer vantagens naturais que possuíam para a industrialização do seu café.

O árbitro brasileiro concluiu que não havia discriminação, o americano que havia discriminação e o Presidente concluiu que não tinha condições de avaliar se havia ou não discriminação nem portanto de fixar a medida de tratamento discriminatório, mas sugeriu, a partir desta perspectiva, várias hipóteses para solucionar a disputa.

Do ponto de vista estritamente jurídico caberia dizer – e este foi o parecer do prof. Haroldo Valladão como consultor jurídico do Itamaraty – que a decisão da Junta Arbitral foi inválida, contraditória e inexequível e que o Brasil não podia considerar-se condenado. Não foi essa, no entanto, a compreensão exata que veio a ser dada à decisão da Junta Arbitral. Esta, pelo voto determinante do seu Presidente, foi uma etapa da negociação e não uma adjudicação. A negociação, tanto na etapa da Junta Arbitral quanto nas subsequentes, obedeceu ao paralelograma da força negociadora das partes envolvidas. Neste contexto o Brasil acabou por, *inter alia,* taxar internamente as suas exportações de solúvel. Não tanto quanto desejariam os interesses contrariados nos EUA em função do peso econômico do Brasil como país produtor de café no âmbito do Convênio, mas seguramente em obediência ao peso negociador dos EUA como país consumidor de café no âmbito do Convênio. Em síntese, a Junta Arbitral propiciou um ajuste que não resultou de uma solução jurídica da controvérsia.

Disso conclui que este litígio, à semelhança do sistema do GATT, tinha a mesma natureza de uma jurisprudência diplomática, pois não obedecia ao rigor na aplicação das normas jurídicas e, por ser uma etapa da negociação, transitava pela desigualdade do *locus standi* negociador das partes envolvidas. Tinha, no entanto, o mérito de ser um sistema de solução de controvérsias voltado para conter o

104 DIREITO INTERNACIONAL · Lafer

unilateralismo da ação. Com efeito, o litígio foi instaurado sob a égide institucional das normas do Convênio e assim, por meio da obrigação de consulta e processos de negociação, com a participação do *tertius,* representado pela Junta Arbitral, propiciou parâmetros de alguma objetividade no trato da *nullification and impairment.*

Na minha tese de livre-docência de 1977, na qual examinei o Convênio do Café de 1976 a partir do conceito organizador da reciprocidade dos interesses no Direito Internacional Público Econômico, retomei meus prévios trabalhos sobre sistemas de solução de controvérsias em acordos econômicos multilaterais. Empreendi um novo exame da função da consulta como uma obrigação do comportamento das partes no Convênio e, tendo como horizonte o conhecido papel do *tertius inter partes* contemplado nas soluções pacíficas de controvérsias previstas pelo Direito Internacional Público, examinei este papel, levando em conta as especificidades do Direito Internacional Econômico. Entre estas especificidades destaquei a preocupação com as conjunturas e o aleatório e o papel de uma jurisprudência diplomática na restauração da reciprocidade da equivalência de interesses, que sustenta o vínculo associativo que confere continuidade no tempo à efetividade das normas de mútua colaboração dos acordos econômicos internacionais.[6]

– IV –

Iniciei minhas atividades como Embaixador do Brasil junto à OMC no começo de 1995, vale dizer, no momento

---

[6] Cf. Celso Lafer, *O Convênio do Café de 1976 – da reciprocidade no direito internacional econômico,* São Paulo, Perspectiva, 1979, Cap. VIII.

Reflexões sobre a Inserção do Brasil no Sistema de Solução de Controvérsias da OMC **105**

inaugural do funcionamento da nova instituição que sucedeu ao GATT, e fui me dando conta, seja pela experiência do que estava vivendo, seja pelo estudo dos acordos da Rodada Uruguai, de que estava confrontado com um novo tipo de quebra-cabeça jurídico de Direito Internacional, distinto do gattiano, para recorrer à metáfora de John H. Jackson. Este novo tipo de quebra-cabeça tinha peças do anterior que foram consideradas parte do *acquis* do GATT e, como tal, contempladas com uma *vis directiva* da nova organização, desde que compatíveis com os Acordos Multilaterais, que criaram a OMC (Acordo Constitutivo da Organização Mundial do Comércio, o *Marrakesh Agreement Establishing the World Trade Organization*, art. XVI, 1; e o Entendimento Relativo às Normas e Procedimentos sobre Solução de Controvérsias, o *Dispute Settlement Understanding*, art. 3.1).[7] Era, no entanto, um quebra-cabeça com muitas novas peças, num tabuleiro muito maior, seja pela amplitude *ratione materiae* dos assuntos cobertos pela OMC, em contraste com o GATT, seja pela abrangência *ratione personae* dos seus membros que, em contraste com o GATT, foi, desde o início, uma organização internacional, concebida com vocação de universalidade.

O novo quebra-cabeça atribuiu ao sistema de solução de controvérsias uma importância que não tinha no âmbito do GATT. Foi por essa razão que o Acordo de Marrakesh (art. III, 3) estipulou que uma das funções da OMC é a de administrar o seu *Dispute Settlement Understanding* – o DSU. A nova importância atribuída ao sistema de solução de controvérsias

---

[7] Cf. Gabrielle Marceau, Pratique et Pratiques dans le Droit de l'Organisation Mondial du Commerce, in Société Française pour le Droit International – Colloque de Genève, *La Pratique et le Droit International*, Paris, Pedone, 2004, p. 159-208.

106 DIREITO INTERNACIONAL • Lafer

obedeceu, para falar com Hauriou, "a ideia a realizar",[8] por meio da OMC, de institucionalizar um sistema multilateral de comércio regido por normas – *rules based*.

Como é sabido, o comércio e as finanças são os dois pilares da economia globalizada dentro da qual estamos efetivamente inseridos desde a década de 1990. É muito distinta, no entanto, a concepção de governança que caracterizou o pilar das finanças nos últimos anos e que no plano internacional está no âmbito das instituições de Bretton Woods, e o do pilar do comércio, que vem sendo construído pela OMC. Esta diferença explica o significado da relevância do sistema de soluções de controvérsias da OMC, à qual, como Embaixador em Genebra e depois como Ministro das Relações Exteriores e professor, atribuí a maior importância.

Com efeito, no âmbito do pilar financeiro e no contexto ideológico que se seguiu à Guerra Fria, facilitado pelo término das paridades fixas, em 1971, foi se consolidando uma postura não regulatória e não regida por normas, adepta da flexibilização dos padrões do aceitável e do não aceitável. Basicamente a ideia a realizar que norteou esta postura foi, com a presença de alguma *soft law*, a da desregulamentação nacional e internacional do pilar financeiro, com base na crença do poder e da capacidade autorreguladora dos mercados livres.

Não é esta a concepção de governança da OMC, que não busca uma irrestrita desregulamentação do comércio. Ao contrário, a OMC almeja, com sua vocação de universalidade, na abrangência dos assuntos que disciplina, favorecer um

---

[8] Cf. Maurice Hauriou, *Teoria dell'instituzione e della fondazione*, Milano Giuffrè, 1967, p. 14-19.

processo de liberalização do comércio mundial, regido por normas de *hard law*, porque parte do pressuposto de que o mercado não opera no vazio e não se autorregula sem um marco institucional apropriado – pressuposto que a crise financeira mundial contemporânea, iniciada em 2008, tornou evidente.[9]

Como aponta o *Sutherland Report* de 2004, sobre o futuro da OMC, de cuja elaboração participei, os acordos da Rodada Uruguai que a criaram não são uma carta constitutiva de um livre comércio sem limites. Foram negociados e concebidos para organizar, de modo funcionalmente eficaz, os méritos do livre comércio que estimula a economia mundial, subordinando-o, no entanto, a princípios e normas da *hard law*.[10]

Como dizia Peter Sutherland, que foi o Diretor-Geral do GATT quando da conclusão das negociações da Rodada Uruguai – conclusão para a qual deu inequívoca contribuição – e que foi o primeiro Diretor-Geral da OMC, o ativo da nova organização não são os seus recursos, mas sim as suas normas, realçando, desse modo, o papel do Direito na vida do comércio internacional.

---

[9] Cf. R. Michael Gadbaw, Systemic Regulation of Global Trade and Finance: A Tale of Two Sistems, *Journal of International Economic Law*, vol. 13 (3), September 2010, p. 551-574; Andreas F. Lowenfeld, The International Monetary System: a look back over seven decades, *Journal of International Economic Law*, vol. 13 (3), September 2010, p. 575-595.

[10] *The Future of the WTO – Addressing Institutional Challenges in the Millenium* – Report of the Consultative Board to the Director-General Supachai Panitchpakdi, by Peter Sutherland (Chairman), Jagdish Bhagwati, Kwesi Botchway, Niall FitzGerald, Koichi Hamada, John H. Jackson, Celso Lafer, Thierry de Montbrial, Geneva, WTO, 2004, § 39, p. 15.

DIREITO INTERNACIONAL • Lafer

É por essa razão que o sistema de solução de controvérsias da OMC foi concebido e criado para constituir-se como um elemento central para promover a segurança e a previsibilidade do sistema multilateral do comércio, preservando direitos e obrigações dos membros tal como estipulado nos *covered agreements* negociados na Rodada Uruguai. É o que diz, com toda clareza, o art. 3.2 do *Dispute Settlement Understanding*.

– V –

Empreendi uma primeira reflexão, de maior abrangência, sobre o sistema de solução de controvérsias da OMC quando proferi, em Genebra, no âmbito da Comissão de Direito Internacional da ONU, a Gilberto Amado Memorial Lecture de 1996.[11]

Nesta conferência e nos trabalhos subsequentes que a ela se seguiram neste período da minha estada em Genebra, dediquei-me a entender, inclusive para bem exercer as minhas responsabilidades como Embaixador do Brasil, as razões que explicam o que qualifiquei como um adensamento da juridicidade do sistema da OMC, que contrastava com o mecanismo do GATT, que eu tinha previamente examinado na condição de professor. Em outras palavras porque, como apontado, a

---

[11] Celso Lafer, *The World Trade Organization Dispute Settlement System*, Geneva, United Nations, 1996, posteriormente publicada com ampliações e revisões, *inter alia*, no meu livro dedicado a Luiz Olavo, *A OMC e a regulamentação do comércio internacional, uma visão brasileira*, Porto Alegre, 1998, p. 109-135, com outros textos de 1997 sobre a matéria, cf. p. 19-38; p. 140-151, aos quais, na sequência, seguiu-se um de 1998: "O impacto de um mundo em transformação no Direito Internacional Econômico: reflexões sobre a OMC no cinquentenário do sistema multilateral de comércio", que integra meu livro *Comércio, desarmamento, direitos humanos, reflexões sobre uma experiência diplomática*, São Paulo, Paz e Terra, 1999, p. 25-53.

administração do *Dispute Settlement Understanding* é uma das funções da OMC e o que levou os negociadores da Rodada Uruguai a considerar o Sistema de Solução de Controvérsias um elemento central para a promoção da segurança e previsibilidade de um sistema multilateral de comércio – *rules based* – que, por sua vez, adquiriu, em contraste com o GATT, outra abrangência, *ratione materiae*, e outra amplitude, *ratione personae*, com o Acordo de Marrakesh.

Apontei, levando em conta o cenário internacional da década de 1990, que a vocação de universalidade da OMC resultou da diluição dos prévios conflitos de concepção sobre como organizar a ordem econômica mundial que resultava das polaridades Leste/Oeste, Norte/Sul que definiram a política e o Direito Internacional na vigência da Guerra Fria.[12] Indiquei, desse modo, que a OMC foi a primeira e mais significativa organização mundial pós-Guerra Fria, e não é assim, por acaso, que tem personalidade jurídica própria e independente (Acordo de Marrakesh, art. VIII) e suas relações com outras organizações intergovernamentais que têm responsabilidades com ela relacionadas são de cooperação e não de subordinação (Acordo de Marrakesh, art. V, 1).[13]

Registro, nesse sentido, para assinalar diferenças, que o GATT tinha uma institucionalidade precária e integrava, por conta das suas origens, o sistema da ONU. É por esse motivo que a acreditação da chefia da Missão perante o GATT era feita com a apresentação de cartas credenciais ao representante do Secretário-Geral da ONU na sua sede em

---

[12] Cf., *inter alia*, Celso Lafer, *Comércio e relações internacionais*, São Paulo, Perspectiva, 1977; *Comércio, desarmamento, direitos humanos – reflexões sobre uma experiência diplomática*, cit., p. 25-53.

[13] Cf. *Sutherland Report*, cit., Cap. IV, p. 35-40.

110 DIREITO INTERNACIONAL • Lafer

Genebra – inclusive porque usualmente a chefia da Missão abrangia igualmente responsabilidades perante as organizações especializadas da ONU, baseadas em Genebra. Com a criação da OMC, com sua personalidade jurídica própria, independente do sistema da ONU, que levou a um acordo da sede com a Suíça distinto do acordo de sede da ONU, esta prática teve que ser alterada. Esta foi uma questão de natureza institucional que suscitei em 1997 como Presidente do Conselho Geral da OMC, lembrando que a OMC não estava juridicamente vinculada ao sistema da ONU. Por isso cabia aos seus membros apresentarem notas próprias de acreditação dos seus representantes permanentes ao Diretor-Geral da OMC e descontinuarem a prática de apresentar à OMC cópias das cartas credenciais dirigidas às Nações Unidas em Genebra. Manifestei, naquela ocasião, que esta nova prática estava sendo cada vez mais utilizada pelos membros e propunha que ela fosse seguida no futuro. Em 2001, o Presidente do Conselho Geral, o Embaixador Bryn, ao invocar a minha manifestação de 1997, registrou o consenso dos membros de que cartas credenciais dirigidas às Nações Unidas passaram a não ser suficientes para a obtenção de acreditação junto à OMC. Consolidou-se, dessa maneira, importante vertente do reconhecimento da individualidade *sui generis* da personalidade jurídica da OMC (WT/GC/47/11 – July 2001).

A diluição dos prévios conflitos de concepção acima mencionada teve, como consequência política, a aceitação, no âmbito da personalidade jurídica *sui generis* da OMC, dos contenciosos comerciais como controvérsias, ou seja, para recorrer à formulação de Charles de Visscher, desacordos entre os Estados sobre um assunto suficientemente circunscrito para dar margem a pretensões claras, suscetíveis de um exame jurídico apreciável por um *tertius super partes*. Não seria

Reflexões sobre a Inserção do Brasil no Sistema de Solução de Controvérsias da OMC **111**

este o papel que o Direito poderia desempenhar na OMC se os contenciosos comerciais tivessem, para continuar com de Visscher, a natureza de uma tensão difusa, que caracteriza um antagonismo político oriundo de conflitos de concepção.[14]

O reconhecimento de que os contenciosos comerciais são contenciosos de interesse, portanto amoldáveis à natureza de controvérsias e não tensões políticas provenientes de conflitos de concepção, explica o sentido do art. 3.10 do *Dispute Settlement Understanding*. Este afirma que o recorrer aos seus procedimentos assim como o solicitar conciliação não podem ser considerados *contentious acts* e que, surgindo uma disputa, todos os membros da OMC lidarão com os procedimentos acordados de boa-fé, empenhando-se em solucionar a disputa.

Naturalmente, o adensamento da juridicidade requeria uma clareza quanto às fontes do Direito. Este foi o fruto do conceito de *single undertaking* que conferiu aos Acordos da Rodada Uruguai a natureza de um só ordenamento jurídico, que substituiu, com vantagem, o GATT à la Carte, criado pela Rodada Tóquio, com a maturidade institucional proveniente, como diria Herbert Hart, da existência de normas secundárias – as do *Dispute Settlement Understanding* – que disciplinam a aplicação das normas primárias – ou seja, as que regulam as condutas negociadas nos *covered agreements* da Rodada Uruguai.

O processo de solução de controvérsias da OMC foi explicitamente concebido com o objetivo de fortalecer um sistema multilateral de comércio, institucionalmente regido

---

[14] Cf. Charles de Visscher, *Théories et Realités en Droit International Public*, 4ª ed., Paris, Pedone, 1970, p. 371.

112 DIREITO INTERNACIONAL • Lafer

por normas. É o que afirma o art. 23 do *Dispute Settlement Understanding*, que contempla a obrigação de todos de não se valerem do *self-help* do unilateralismo na interpretação e aplicação das normas da OMC (*Dispute Settlement Understanding* – art. 23-a). Tem, assim, a natureza de uma *confidence--building measure* num sistema multilateral empenhado em administrar o conflito e a cooperação por meio do Direito e não como no GATT, por meio de uma jurisprudência diplomática. A função desta *confidence-building measure* é a de tutelar *erga omnes*, para todos os membros da OMC, a segurança e a previsibilidade do ordenamento jurídico criado pelos Acordos da Rodada Uruguai.

É isso que explica as mudanças fundamentais no seu quebra-cabeça jurídico. Entre elas a automaticidade da jurisdição (a regra do consenso invertido) que permite a criação de *panels*, o controle dos seus *reports* pelo duplo grau de jurisdição representado pela criação do Órgão de Apelação e a automaticidade da adoção dos *reports* com a chancela coletiva do Órgão de Solução de Controvérsias, que realça, politicamente, a sua força jurídica.

Os *reports* dos *panels* e do Órgão de Apelação são representativos de um processo de conhecimento voltado para verificar juridicamente se uma medida que foi questionada é ou não compatível com os *covered agreements*. Se a conclusão for de incompatibilidade, o primeiro objetivo colimado é *bring into conformity* a situação com o ordenamento jurídico da OMC (*Dispute Settlement Understanding* – art. 19), ou seja, restaurar a legalidade.

A implementação das *recommendations and rulings*, ou seja, o processo de execução, tem, em primeiro lugar, na OMC, as cautelas que provêm da lógica do Direito Internacional

Público, que recomenda uma calibração entre título jurídico e as realidades das soberanias. Esta calibração, com suas especificidades próprias, concebidas nas negociações da Rodada Uruguai, levou em conta a prévia experiência tanto das dificuldades quanto das possibilidades dos mecanismos do GATT. Existe um monitoramento que é feito coletivamente pelo Órgão de Solução de Controvérsias que exprime o interesse comum de todos os membros da OMC no bom funcionamento do sistema. Existe, ao mesmo tempo, a compreensão de que, por vezes, é necessário um *reasonable period of time* para a implementação no âmbito interno dos membros de *rulings or recommendations*.

A inexistência de um acordo entre as partes sobre prazo de implementação pode dar margem a uma arbitragem obrigatória e vinculante, definidora do que é um *reasonable period of time* para um caso concreto (*Dispute Settlement Understanding*, art. 21, 3, *c*). A não implementação pode levar à suspensão da concessão, que é sanção típica do Direito Internacional Público de Cooperação. A hipótese de uma objeção quanto ao nível da suspensão de concessões pretendidas enseja a possibilidade de arbitragem (*Dispute Settlement Understanding*, art. 22, 6).

Dificuldades de implementação podem conduzir a uma compensação negociada, mutuamente aceitável pelas partes, que traduz a prévia experiência da jurisprudência diplomática do GATT com o cuidado de que a compensação negociada deve ser compatível com os *covered agreements*, ou seja, com a legalidade. Cabe lembrar que soluções mutuamente acordadas continuaram sendo, na tradição de flexibilidade do

114 DIREITO INTERNACIONAL • Lafer

GATT, uma via para o encaminhamento de contenciosos comerciais na OMC.[15]

Conforme se verifica, impasses negociadores do processo de implementação dão espaço para uma solução jurídica por meio da arbitragem, que é outra expressão do adensamento da juridicidade do sistema de solução de controvérsias da OMC. Diga-se de passagem que uma recente e atualizada análise do uso da arbitragem na OMC foi objeto de denso artigo de Luiz Olavo Baptista.[16]

No sistema da jurisprudência diplomática do GATT, o controle do processo estava nas mãos das partes diretamente envolvidas na controvérsia, seja pelas características da obrigação de consulta, seja pelo papel da negociação em soluções mutuamente acordadas, seja pela indispensabilidade de consenso das partes envolvidas tanto para a criação de um *panel* quanto para o encaminhamento das hipóteses da solução de um contencioso comercial, contido nas recomendações. No novo sistema da OMC, a automaticidade da jurisdição em relação a disputas potenciais, por conta de sua indeterminação *a priori*, passou a ter a dimensão do desconhecido e, por via de consequência, comportar riscos. A gestão destes riscos do desconhecido é parte dos procedimentos previstos pelo *Dispute Settlement Understanding* acima mencionado, desde a segurança adicional que traz o duplo grau de jurisdição (o

---

[15] Cf. Roberto Kanitz, Soluções mutuamente acordadas: identificação e solução de controvérsias passíveis de negociação, in Maria Lucia L. M. Pádua Lima e Barbara Rosenberg, *O Brasil e o Contencioso na OMC*, tomo 1, São Paulo, Saraiva, 2008, p. 209-252.

[16] Cf. Luiz Olavo Baptista, The Use of Arbitration in the WTO, in M. A. Fernandez-Ballesteros e David Arias, *Liber Amicorum:* Bernardo Cremades, Madrid: La Ley, 2010, p. 925-937.

Órgão de Apelação) até os cuidados na implementação das *rulings and recommendations* que configuram um espaço para as soberanias exercerem uma certa margem nacional de apreciação no processo de compatibilizar ordens jurídicas nacionais com a internacional.[17]

É neste contexto de gestão de riscos que deve ser entendida a estipulação geral: *Recommendations and rulings of the DSB cannot add to or diminish the rights and objectives provided in the covered agreements* (Dispute Settlement Understanding, art. 3, 2) reiterada no dispositivo que trata do *Panel and Appellate Body Recommendations* (*Dispute Settlement Understanding*, art. 19, 2). Trata-se de uma explícita diretriz voltada para conter, no sistema da OMC, o ativismo judicial e também para mantê-lo como um sistema *self-contained*, voltado para disciplinar as normas de reconhecimento de suas fontes jurídicas.

Por conta da abertura prevista no *Dispute Settlement Understanding* (art. 3, 2) para o papel, na clarificação jurídica do estipulado nos *covered agreements*, das normas gerais de interpretação do Direito Internacional Público (basicamente as codificadas na Convenção de Viena sobre o Direito dos Tratados), o tempo mostrou os limites das latentes aspirações dos negociadores da Rodada Uruguai de fazer da OMC um regime *self-contained*. Estas aspirações estavam ligadas à preocupação com a acima mencionada gestão de riscos, por conta da possível amplitude de um indeterminado pluralismo das fontes jurídicas aplicáveis a uma controvérsia.

O tempo também mostrou, o que é claro para um jurista, mas não necessariamente para um diplomata, que a norma é

---

[17]   Cf. John H. Jackson, *Sovereignty, The WTO and Fundamentals of International Law*, Cambridge, Cambridge University Press, 2006.

a sua interpretação que tem, mesmo sem ativismo judicial, uma vida própria, em função do múltiplo espectro lógico de seus sentidos. Daí um certo desconforto entre diplomatas que negociam normas e os juristas que as aplicam.

Cabe, igualmente, mencionar que o art. XX do GATT de 1994, que trata de exceções gerais válidas no sistema da OMC, e, diga-se de passagem, o art. XXI, que diz respeito a exceções de segurança, ensejam a interação do sistema jurídico da OMC com outras normas do Direito Internacional Público, posto que a OMC não vive e opera em *clinical isolation* em relação ao mundo. Tudo isso abre caminho para o pluralismo jurídico das fontes do Direito, no âmbito da *lex specialis* da OMC, que tem a preocupação de não ir, no seu sistema de solução de controvérsias, nem além, nem aquém das normas acordadas nos *covered agreements*.[18]

Em função das análises e avaliações acima sumariadas, identifiquei como de grande relevância o interesse e a importância de que se revestia, para o Brasil, o sistema de solução de controvérsias da OMC. Tive em mente as dificuldades, para o nosso país, representadas pelas assimetrias negociadoras inerentes à prévia jurisprudência diplomática do GATT, os óbices enfrentados pelo comércio internacional brasileiro por obra do unilateralismo do *Trade Act* norte-americano e, sobretudo, as possibilidades do sistema da OMC, baseado

---

[18] Cf. Isabelle Van Damme, *Treaty Interpretation by the WTO Appellate Body*, Oxford, Oxford University Press, 2009; Alberto do Amaral Junior, *A solução de controvérsias na OMC*, São Paulo, Atlas, 2008; Vera Thorstensen, O papel do Órgão de Apelação – visão das Comunidades diplomáticas e acadêmicas, in Luiz Olavo Baptista, Umberto Celli Junior, Alan Yanovich (org.), *10 anos de OMC, uma análise do sistema de solução de controvérsias e perspectivas*, São Paulo, Aduaneiras, 2007, p. 90-111.

no Direito, de fortalecer o *locus standi* do Brasil no âmbito da diplomacia comercial multilateral. Daí o meu empenho, que a seguir examinarei, de trabalhar por uma positiva e ativa inserção do Brasil no sistema de solução de controvérsias da OMC, o que, além do mais, estava em consonância com o preâmbulo da Constituição brasileira e com o princípio da defesa pacífica de conflitos, previsto no art. 4º da CF.

– VI –

Oliver W. Holmes, numa conhecida passagem de *The Common Law*, afirmou que *"The life of the law has not been logic: it has been experience."* A lógica do exposto até agora sobre o sistema de solução de controvérsias da OMC tem o lastro da experiência da minha atuação como Embaixador em Genebra, mas a experiência que norteou a minha visão de *policy* sobre como inserir o Brasil neste sistema tem outros componentes, que cabe agora examinar de maneira mais circunstanciada. Estes componentes estão ligados à vivência dos contenciosos do Brasil com os quais me ocupei no meu período em Genebra, complementados pelas oportunidades de ter tido da matéria uma visão sistêmica, proveniente da Presidência do Órgão de Solução de Controvérsias, e de ter presidido, neste período, um *panel* na OMC.

O primeiro caso do Brasil apreciado pelo sistema foi também o caso inaugural da OMC. Refiro-me ao caso da gasolina reformulada (*United States – Standards for Reformulated and Conventional Gasoline*) em que o demandado foram os Estados Unidos e os demandantes foram o Brasil e a Venezuela. Em síntese, questionou-se a legislação interna dos EUA – o *Clean Air Act* de 1990 – que estabelecia diferenças entre as exigências requeridas para quem exportava gasolina

118 DIREITO INTERNACIONAL • Lafer

reformulada para os EUA – no caso o Brasil e a Venezuela – e as exigências requeridas das refinarias norte-americanas, cujo funcionamento não estava sujeito aos mesmos níveis de exigência.

A defesa norte-americana baseou-se na natureza ambiental da sua legislação, enquadrando-se como tal nas exceções gerais presentes no art. XX do GATT de 1994.

Brasil e Venezuela argumentaram que a legislação norte-americana representava um tratamento discriminatório entre o produtor nacional e o exportador, incompatível com o princípio do tratamento nacional previsto nas normas da OMC (GATT de 1994, art. III: 4).

Venezuela e Brasil – nesta matéria que era do interesse da Petrobras – tiveram ganho de causa, pois a decisão final foi no sentido de apontar que a legislação norte-americana não se enquadrava nas exceções gerais do art. XX do GATT, considerando-a, para efeitos de controvérsia, não como medida ambiental, mas sim uma injustificável discriminação e uma *"disguised restriction on international trade"*, nos termos do *caput* do art. XX.

O *panel* foi constituído, seu relatório (de 29/1/1996) apreciado e modificado na segunda instância, tendo o relatório do Órgão de Apelação circulado em 29 de abril de 1996 e sido adotado pelo Órgão de Solução de Controvérsias em 20 de maio de 1996. Os EUA solicitaram um período razoável de tempo para sua implementação, posto que exigiria uma mudança da legislação interna. Esta acabou ocorrendo com alguma delonga. Os EUA anunciaram, em 19 de agosto de 1997, que implementariam as resoluções do *panel* e notificaram, em 25 de setembro de 1997, a conformidade da sua legislação com o ordenamento jurídico da OMC.[19]

O segundo caso do Brasil apreciado pelo Sistema da OMC foi o do coco ralado, desta vez como demandado, numa questão suscitada pelas Filipinas (*Brazil – Desiccated Coconut*). As Filipinas questionavam uma *countervailing duty* imposta pelo Brasil em 18 de agosto de 1995, com base numa investigação iniciada em 21 de janeiro de 1994. A medida brasileira de defesa comercial atendia à situação dos produtores nacionais. O *panel* estabelecido em 5 de março de 1996 circulou o seu relatório em 17 de outubro de 1996, que foi submetido à apreciação da segunda instância, tendo o Órgão de Apelação circulado o seu relatório em 21 de fevereiro de 1997, que foi adotado pelo Órgão de Solução de Controvérsias em 20 de março de 1997.

O Brasil foi vitorioso neste caso em que foi demandado, tendo como base uma questão de técnica jurídica sobre a norma aplicável. Em síntese, não cabia aplicar o ordenamento jurídico da OMC na apreciação do contencioso, pois a investigação que deu margem à medida questionada tinha se iniciado antes da entrada em vigor dos Acordos da OMC.

Destes dois casos, e muito especialmente do primeiro, no qual todo o *iter* dos procedimentos foi cumprido, extraí a conclusão de que, para o Brasil, o adensamento da juridicidade do sistema concebido pela OMC era vantajoso. No entanto,

---

[19]   Sobre o caso cf. Vera Sterman Kanas, EUA – padrões para gasolina reformulada e convencional, in Maria Lucia L. M. Pádua Lima e Barbara Rosenberg (coord.), *O Brasil e o Contencioso na OMC*, tomo 1, cit., p. 422-455, e David Palmeter, *The WTO as a Legal System, Essays on International Trade and Policy*, London, Cameron May, 2003, p. 177-198.

esta vantagem não era um dado – um *given*. Requeria uma construção pois, para o nosso país valer-se apropriadamente das oportunidades criadas e também poder lidar com os riscos inerentes ao Sistema de Solução de Controvérsias da OMC, era indispensável, em matéria de qualificação profissional, ir muito além do repertório de conhecimentos do Itamaraty, proveniente da prévia experiência no mais circunscrito mundo da jurisprudência diplomática do GATT. Em outras palavras, ao adensamento da juridicidade da OMC deveria seguir-se um correspondente adensamento de qualificações do Itamaraty e também dos estudiosos brasileiros de Direito do Comércio Internacional.

Registro, preliminarmente, sobre o tema do adensamento, que o sistema da OMC requer uma interação própria entre o público e o privado. Com efeito, trata-se de um sistema intergovernamental de solução de controvérsias, o que quer dizer que só os membros da OMC, na condição de membros, a ele têm o *locus standi* do acesso. Esta dimensão intergovernamental explica-se, *inter alia*, porque, com frequência, o que é questionado numa controvérsia são medidas ou legislações governamentais – nos dois casos acima referidos o *Clean Air Act* de 1990 dos EUA e a investigação brasileira que levou a uma *countervailing duty*. Assim, o *bring into conformity* de uma restauração de legalidade quando um demandante ou demandado tem ganho de causa usualmente requer uma ação governamental. Por outro lado, medidas ou legislações questionadas afetam os interesses privados, ou seja, dizem respeito às normas da OMC que tratam da liberalização dos mercados dos países, permitindo, dentro de regras que são as do Direito Internacional Público Econômico, o seu acesso pelos particulares, numa economia globalizada e interdependente. É por esta razão que os interesses privados estão muito presentes na dinâmica de funcionamento da OMC, mas só alcançam o sistema de solução de controvérsias quando um governo entende que há um "interesse nacional" em patrociná-los, ou seja, a eles estende os mecanismos clássicos de proteção diplomática, adaptados à natureza dos contenciosos econômicos.

Daí a responsabilidade do Embaixador em Genebra em zelar pela convergência entre o interesse nacional e o privado na condução de um contencioso, ou seja, nos dois casos acima referidos o interesse nacional e os privados de questionar uma legislação norte-americana que feria o princípio de tratamento nacional do GATT (de 1994) e discriminava as exportações de gasolina da Petrobras, e o de defender uma investigação brasileira de defesa comercial que apropriadamente protegia, no mercado brasileiro, os produtores nacionais de coco ralado.

Esta responsabilidade não opera em abstrato. Requer uma construtiva interação com o setor privado e os seus representantes, que têm um conhecimento privilegiado da matéria objeto de uma controvérsia. Com efeito, a diplomacia econômico-comercial da OMC é uma diplomacia do concreto e não de agregados, e ninguém melhor qualificado para identificar com precisão uma questão a ser suscitada como demandante ou enfrentada como demandado no sistema de Solução de Controvérsias do que o próprio setor envolvido. Devo dizer que me senti à vontade nesta interação, nestes dois casos e em outros que se seguiram, em função da minha prévia experiência empresarial na direção da Metal Leve, empresa brasileira de autopeças que teve relevante atuação exportadora, que me deu abertura para a importância do conhecimento concreto que o setor privado tem dos problemas práticos do comércio exterior brasileiro.

Um desdobramento desta interação entre o público e o privado no trato dos contenciosos da OMC foi, no caso do Brasil e da grande maioria dos países-membros da OMC, a presença de qualificados escritórios privados de advocacia, empenhados em contribuir com o apoio do setor privado afetado, no encaminhamento de uma controvérsia. Com efeito, a partir do caso da Gasolina Reformulada tornou-se uma prática rotineira, na preparação das posições jurídicas a serem sustentadas no sistema de Solução de Controvérsias, para a maior parte dos membros da OMC recorrer a qualificados escritórios internacionais de advocacia, com domínio de Direito do Comércio Internacional. Estes escritórios, naturalmente, têm o seu foco voltado para os interesses privados aos quais um membro estende a sua proteção diplomática, considerando-o uma questão de interesse nacional. Escritórios de advocacia participaram da preparação das posições brasileiras no caso da Gasolina Reformulada e do Coco Ralado, e isso se tornou uma rotina nos subsequentes contenciosos do Brasil na OMC.

Nestes dois casos, nos quais também os escritórios estavam tateando dada a novidade representada pelo sistema da OMC, participei ativamente, como chefe da Missão, na análise substantiva das questões, baseado nos conhecimentos de um professor de Direito Internacional Público Econômico, afeito ao tema de solução de controvérsias. Foi de grande qualidade a colaboração dos escritórios de advocacia nos dois casos, porém a direção dada ao seu encaminhamento, assim como sua sustentação perante as instâncias de procedimentos da

OMC, foram conduzidas por diplomatas da Missão, com a minha direta supervisão e participação.

No meu período em Genebra teve início o contencioso Embraer – Bombardier (*Canada – Measures Affecting the Export of Civilian Aircraft*), cujo *panel* foi constituído em 23 de julho de 1998. Este contencioso e os seus desdobramentos estavam ligados às condições da concorrência entre a Embraer e a empresa canadense Bombardier na exportação de aeronaves para o mercado internacional. Estava relacionado à disciplina jurídica estabelecida pela OMC sobre subsídios e subsídios à exportação e tinha uma complexidade jurídica e problemas de prova muito maiores do que os dois casos anteriores, como me dei conta nas análises preliminares da questão.

Do trato destes casos, começando com o da gasolina reformulada, me veio a convicção de que era indispensável estruturar, na Missão em Genebra, uma equipe dedicada aos contenciosos brasileiros que iriam, na minha avaliação, avolumar-se e que, por isso mesmo, passariam a ser um dos itens importantes da diplomacia econômica brasileira.

Desta equipe participou o então jovem e talentoso diplomata Victor do Prado, possuidor de grandes qualidades jurídicas, que tinha sido meu brilhante aluno na Faculdade de Direito da USP e que hoje exerce com indiscutível competência função de grande relevo no Gabinete de Pascal Lamy, Diretor-Geral da OMC. No retorno de Victor a Brasília, ocupou a sua posição o também, na época, jovem diplomata Roberto Azevêdo, que posteriormente notabilizou-se pela maneira com a qual conduziu, com excepcional capacidade e domínio dos assuntos, os contenciosos brasileiros na

124 DIREITO INTERNACIONAL • Lafer

OMC, e que hoje é o Embaixador do Brasil em Genebra, responsável pela OMC.

Vera Thorstensen, que, no meu período em Genebra iniciou suas atividades como assessora econômica da Missão, passou a dar a esta equipe e a mim, pessoalmente, uma inestimável colaboração no esclarecimento da dimensão econômica dos contenciosos e a fazer a ponte entre o Direito e a Economia, que é indispensável para o bom encaminhamento dos temas da OMC. Vera, no longo período em que exerceu as suas funções em Genebra, deu uma contribuição substantiva à diplomacia econômica do Brasil junto à OMC. Tornou-se uma das maiores e melhores conhecedoras da OMC e ajudou a formar um incontável número de profissionais, diplomatas e não diplomatas, aptos a lidar com os desafios da OMC. No seu recente retorno ao Brasil, Vera, com o seu dom para formar pessoas, criou, na Fundação Getulio Vargas em São Paulo, um Centro de Estudos, de vocação interdisciplinar que associa Direito e Economia e que é hoje, mercê de sua liderança, o mais qualificado *think tank* brasileiro sobre assuntos da OMC e daquilo que se relaciona, numa perspectiva *policy oriented*, com o comércio internacional do país.

Também contei, nesta equipe, com dois diplomatas mais seniores da Missão: Fernando de Mello Barreto e Carlos Antonio da Rocha Paranhos. O hoje Embaixador e na época Conselheiro Fernando de Mello Barreto tinha sido, antes do seu ingresso na carreira diplomática, não só um advogado militante na área empresarial, mas também meu colega de magistério e de pesquisa no Departamento de Direito Internacional da Faculdade de Direito da USP. Tinha, assim, um indiscutível repertório de conhecimentos e uma qualificação

Reflexões sobre a Inserção do Brasil no Sistema de Solução de Controvérsias da OMC **125**

profissional, tanto teórica quanto prática, que deram respeitável massa crítica adicional à equipe. O hoje Embaixador do Brasil na Rússia, Carlos Antonio da Rocha Paranhos, na época meu Ministro Conselheiro para a OMC, com o seu prévio domínio da diplomacia econômica haurido em funções anteriormente desempenhadas no Itamaraty e com o zelo, a seriedade e a responsabilidade que caracterizam o seu perfil de diplomata, ajudou a arredondar o trabalho de equipe no meu período em Genebra.

Duas outras experiências do meu período em Genebra contribuíram para, a partir de outras perspectivas, reforçar a minha convicção sobre a importância de adensar a qualificação brasileira na área de solução de controvérsias na OMC.

Presidi, em 1996, o Órgão de Solução de Controvérsias, o que me deu a oportunidade de ter não apenas uma perspectiva brasileira, mas uma visão de conjunto do funcionamento de um sistema que estava começando a adquirir vida própria na gestão do *Dispute Settlement Understanding*. Minha presidência coincidiu com o início da atuação do Órgão de Apelação que já tinha sido constituído. Estava integrado por Said El-Naggar do Egito, Mitsuo Matsushita do Japão, Florentino Feliciano das Filipinas, Claus-Dieter Ehlermann da Alemanha (Comunidade Europeia), Christopher Beeby da Nova Zelândia, James Bacchus dos EUA e Julio Lacarte do Uruguai, personalidades muito interessantes, cujas características e modo de ser James Bacchus, que com eles conviveu e trabalhou, evoca no seu livro *Trade and Freedom*.[20]

O Órgão de Apelação estava elaborando os seus *working procedures* e nos termos do *Dispute Settlement Understanding*

---

[20] London, Cameron May, 2004, p. 51-106.

(17.9) cabia elaborá-los em consulta com o Presidente do Órgão de Solução de Controvérsias e o Diretor-Geral da OMC. Foi por conta destas consultas que acabei tendo, primeiro em conjunto com meu antecessor, o Embaixador Don Kenyon na condição de Presidente designado e depois já no exercício da função, uma substantiva interação com os membros do Órgão de Apelação, tendo em vista que propuseram criar, *praeter legem*, uma nova regra, a regra da colegialidade que não estava contemplada no *Dispute Settlement Understanding*.

A regra mantinha a responsabilidade exclusiva da câmara de três membros a quem incumbia a decisão de uma controvérsia, mas abria um prévio espaço para uma troca de opiniões de todo o colegiado do Órgão de Apelação sobre toda e qualquer controvérsia. O objetivo da regra, proposta pelos membros do Órgão de Apelação, era o de criar condições para ampliar a coerência e a consistência da futura jurisprudência do Órgão de Apelação. Esta, ainda que não tivesse a natureza de precedentes obrigatórios, acabaria fornecendo um sentido de orientação que teria um papel no assegurar da segurança e da previsibilidade na aplicação e interpretação do Direito da OMC.

A troca de opiniões que tive com os membros do Órgão de Apelação por ocasião destas consultas foi muito interessante, facilitada, sem dúvida, pelo fato de eu ser um professor de Direito. Convenci-me do acerto da proposta dos membros do Órgão de Apelação nela identificando vantagens sistêmicas para todos os membros da OMC e para o bom funcionamento do sistema multilateral regido por normas criadas pela Rodada Uruguai e contribuí, assim, para a aceitação da regra

Reflexões sobre a Inserção do Brasil no Sistema de Solução de Controvérsias da OMC **127**

de colegialidade, como relatei mais circunstanciadamente em outra oportunidade.[21]

No período em que presidi o Órgão de Solução de Controvérsias tive a oportunidade de conversar inúmeras vezes com Julio Lacarte, que tinha sido eleito pelos seus pares presidente do Órgão de Apelação. Julio Lacarte tinha uma vasta experiência de vida do GATT e foi um dos importantes negociadores da Rodada Uruguai. Foi assim, no Órgão de Apelação, uma ponte entre o velho da "jurisprudência diplomática" do GATT e o novo da OMC que estava surgindo, seja pela compreensão que tinha da visão dos diplomatas, seja pela capacidade que teve de explicar aos seus colegas do Órgão de Apelação o que tinham sido as prévias especificidades do GATT e de que maneira o novo sistema da OMC era, ao mesmo tempo, uma codificação e um desenvolvimento progressivo da experiência do GATT. Lacarte também empenhou-se com sucesso em obter, no Órgão de Apelação, decisões por consenso na linha de tradição do GATT. O seu objetivo foi fortalecer a legitimidade do Órgão de Apelação perante os membros da OMC no início de suas atividades, consagrando uma cultura judicial sem a propensão aos votos minoritários dissidentes.[22] Das conversas com Julio Lacarte e com os demais membros do Órgão de Apelação percebi, desde o início, a relevância que viria a ter na vida da OMC e a importância, no futuro, de

---

[21] Cf. Celso Lafer, Preface, in Roberto Kanitz, *Managing Multilateral Trade Negotiations: the role of the WTO Chairman*, London, Cameron May, 2011, p. XXVI-XXVIII. Versão traduzida deste texto constitui o capítulo anterior, neste volume.

[22] Cf. Julio Lacarte, Wielding the Gavel, in Roberto Kanitz, *Managing Multilateral Trade Negotiations: the role of the WTO Chairman*, cit., p. 119-120.

128 DIREITO INTERNACIONAL • Lafer

ter uma presença brasileira integrando os seus quadros para uma inserção de qualidade do Brasil no sistema de solução de controvérsias.

No meu período em Genebra, tive uma outra experiência que foi relevante na perspectiva da *policy*. Presidi, em 1998, o *panel* suscitado pelos EUA, em que a Índia foi a demandada. O *panel* (*India Quantitative Restrictions on Imports of Agricultural, Textile and Industrialized Products*) tratava de restrições quantitativas à importação por problemas de balança de pagamentos. Esta matéria foi, na vigência do GATT, uma das recorrentes exceções em relação às suas normas, arguidas pelos países em desenvolvimento, inclusive o Brasil. Adquiriu, no entanto, como verifiquei, outra complexidade na moldura da OMC, distinta do prévio papel exercido pelo Comitê de Balança de Pagamentos, o que só confirmou, a partir de uma visão sistêmica, a importância de adensar a qualificação profissional do Brasil para lidar com o sistema de solução de controvérsias na OMC.

Em síntese, do acompanhamento geral das controvérsias na pauta da OMC durante o meu período em Genebra, daquelas que envolviam os interesses específicos do Brasil, das quais cuidei diretamente; da visão de conjunto trazida pela Presidência do Órgão de Solução de Controvérsias e da condição de Presidente de um *panel*, avivados pelo interesse acadêmico de professor de Direito Internacional Público Econômico, cheguei a uma inequívoca conclusão da *policy*. Era indispensável ir além da nossa prévia experiência no muito mais circunscrito trato da jurisprudência diplomática do GATT e formar não apenas diplomatas, mas também advogados fora dos quadros do Itamaraty, habilitados para lidar com o novo quebra-cabeça da solução de controvérsias da

OMC, ou seja, para falar com Luiz Olavo, tratar da elaboração de uma cartografia que desse ao Brasil condições de navegar no grande mar dos *covered agreements* da Rodada Uruguai.

Na minha avaliação, esta qualificação era essencial para lidar com a competência jurídica dos potenciais *ex-adversos* do Brasil, em especial com as equipes de advogados com os quais conta o USTR dos EUA e a Comissão Europeia da UE. Esta qualificação, além do mais, permitiria ir construindo o *soft-power* da reputação brasileira perante os *panels* e o Órgão de Apelação e enfrentar, com competência, o conhecimento do Secretariado que assessora os *panels* e o Órgão de Apelação. Era, igualmente, indispensável para a Missão saber conduzir de maneira apropriada os escritórios de advocacia e os peritos, inclusive em matéria de prova, que atuam nos contenciosos de interesses públicos e privados que o Brasil patrocina na OMC.

– VII –

Em janeiro de 2001 assumi a pasta das Relações Exteriores e atribuí, na minha gestão, grande prioridade à diplomacia econômica brasileira. Na elaboração e implementação desta prioridade parti do patamar representado pela tradição do Itamaraty no campo e do significado do conhecimento institucional acumulado na Casa, na matéria. Disso tinha ciência própria, não só por conta da fecunda interação como Embaixador com o Ministério, mas também em função da minha prévia gestão do Itamaraty em 1992. Nas iniciativas que tomei, levei em conta a experiência de Genebra acima referida e também a minha passagem, em 1999, pelo Ministério do Desenvolvimento, Indústria e Comércio, que tem responsabilidades próprias na lida com o comércio exterior do Brasil e, muito especialmente, as concernentes à gestão da Defesa Comercial. Na minha avaliação, tendo em vista as realidades, dificuldades e possibilidades de um mundo globalizado e interdependente, com suas complexidades era indispensável elevar o patamar de qualificação do Itamaraty tanto para lidar com os novos desafios da agenda econômica externa brasileira, inclusive o das múltiplas negociações comerciais multilaterais, birregionais e regionais em que o país estava envolvido, quanto para sustentar, no plano interno intragovernamental, no que os americanos denominam *bureaucratic politics*, o papel próprio do Ministério no campo da diplomacia econômica.[23]

Foi neste contexto mais amplo que criei, em 10 de outubro de 2001, no Itamaraty, a Coordenação Geral dos Contenciosos (CGC).

Na minha perspectiva, a criação da CGC respondia à necessidade de lidar com um cenário de multiplicação de contenciosos brasileiros na OMC, seja como demandante, seja como demandado, como se acabou por verificar. Era, portanto, imprescindível adensar e concentrar com foco institucional preciso o conhecimento sobre um sistema de solução de controvérsias com as características acima apontadas. O foco e o seu concentrado adensamento tinham um duplo objetivo.

No plano interno, o de propiciar ao Ministro das Relações Exteriores e à alta cúpula do Itamaraty uma prévia e substantiva avaliação jurídica sobre os casos suscitados pelos interesses privados que buscavam a proteção diplomática

---

[23] Cf. Celso Lafer, Reflexões sobre uma gestão, *Política Externa*, vol. 11, nº 4, mar.-abr.-maio 2003, p. 111-137.

do Brasil no âmbito da OMC. Esta avaliação tinha também como objetivo, na sequência, embasar a discussão destes casos com outros Ministros na Camex, que era o *locus* institucional no qual se deliberava quais interesses privados cabia pertinentemente levar ao sistema de solução de controvérsias da OMC. Foi no contexto da Camex que encaminhei as decisões de levar adiante o contencioso do algodão com os EUA e o contencioso do açúcar com a UE. Estes dois casos questionavam, simultaneamente, o protecionismo de dois grandes protagonistas do comércio internacional, membros da OMC. Foram casos de grande complexidade nos quais o Brasil, mais adiante, foi vitorioso. Abriram novos horizontes, pois nosso país levou em conta o cenário jurídico-político do término da vigência da *peace clause* que estipulava uma moderação (Acordo de Agricultura, art. 13) no questionamento perante o sistema de solução de controvérsias de subsídios agrícolas.[24]

Num outro plano caberia, como coube ao CGC, em função do seu repertório institucional de conhecimentos, desempenhar, sob a orientação do Ministro e de seus colaboradores, um papel relevante de guiar e interagir com a Missão em Genebra, não só nos casos em que o Brasil era demandante, mas também naqueles em que era demandado, ou seja, tanto nas posições ofensivas quanto defensivas da

---

[24] Cf. Celso Lafer, Depoimento, in Maria Lucia M. Pádua Lima e Barbara Rosenberg, *O Brasil e o Contencioso na OMC*, tomo I, cit., p. 44-46; Leandro Rocha de Araújo, Geraldo Valentim Neto, Leonardo Peres da Rocha e Silva, René Guilherme da Silva Medrado, Agricultura e subsídios: o caso do algodão (WT/DS267), in idem, ibidem, p. 253-322; Christiane Aquino, Adriana Dantas, Cynthia Kramer, O contencioso entre Brasil e Comunidades Europeias sobre subsídios ao açúcar (DS 266), in idem, ibidem, p. 323-379.

132 DIREITO INTERNACIONAL • Lafer

diplomacia brasileira no âmbito do sistema de soluções de controvérsias da OMC.

Confiei, em 2001, ao então Conselheiro Roberto Azevêdo a tarefa de pôr de pé o CGC, com a convicção de que ele levaria adiante, com grande sucesso, esta inovadora missão, ciente de suas qualidades que identifiquei na sua atuação como meu colaborador em Genebra e sua subsequente dedicação ao aprofundado conhecimento dos assuntos da OMC.

Foi por esta razão que participei com grande satisfação do Seminário Internacional auspiciado pelo Chanceler Antonio Patriota e realizado pelo Itamaraty em Brasília, nos dias 10 e 11 de outubro de 2011, dedicado a celebrar os dez anos do CGC, 100 casos. O Seminário, voltado para uma avaliação e análise da participação do Brasil no sistema de Solução de Controvérsias da OMC, comprovou que o CGC foi e é um importantíssimo aspecto da inserção internacional do Brasil no sistema de solução de controvérsias, com relevantes serviços prestados ao país.

Na minha recorrente preocupação com a formação profissional de pessoas com conhecimento do Direito da OMC, inclusive no que tange ao sistema de solução de controvérsias, contei com o apoio do Embaixador Luiz Felipe de Seixas Correa, que tinha sido meu Secretário-Geral e que, em 2002, assumiu a Missão do Brasil em Genebra. Foi ele que teve a meritória iniciativa, respaldado por Vera Thorstensen, de criar, no âmbito da Missão, um programa de capacitação direcionado para advogados em início de carreira, tanto do governo como de escritórios de advocacia. Registro, com satisfação, que esta iniciativa deu bons resultados, uma vez que mais de 120 jovens passaram por Genebra e hoje atuam na área do comércio internacional, contribuindo para a existência de uma massa crítica de estudiosos, conhecedores do Direito da OMC.

Também se deve ao Embaixador Seixas Correa, com quem sempre compartilhei minhas preocupações sobre a importância da diplomacia econômica brasileira, a iniciativa que tomou, como Chefe da Missão do Brasil em Genebra, de criar uma *newsletter* em formato eletrônico sobre as atividades da OMC e sobre os cenários da Rodada Doha, de cujo mandato negociador participei ativamente na sua elaboração, por ocasião da Conferência Ministerial de Doha, realizada em dezembro de 2001. A Carta de Genebra foi publicada de fevereiro de 2002 até 2008 e contribuiu para dar visibilidade e transparência para os temas da OMC na perspectiva organizadora dos interesses do Brasil.

Outro aspecto com o qual me preocupei como Ministro das Relações Exteriores no trato da inserção do nosso país no sistema de solução de controvérsias foi o do reconhecimento do *soft power* da reputação brasileira na OMC. Uma dimensão deste reconhecimento que se deu aluvionalmente no correr dos tempos foi a da presença de brasileiros em *panels* da OMC, ou seja, no que, por analogia, pode ser qualificado como a primeira instância do sistema de solução de controvérsias. Com efeito, esta presença sinaliza o respeito dos membros da OMC e do seu secretariado em relação à existência, no Brasil, de significativa qualificação profissional nas matérias cobertas pela diplomacia jurídica da OMC.

Roberto Azevêdo, entre 2000 e 2011, integrou três *panels*, tendo presidido um deles. Victor Luiz do Prado integrou três *panels*, entre 1991 e 2001, Carlos Antonio da Rocha Paranhos integrou três *panels* entre 1998 e 2001. A estes três qualificados profissionais que integraram a minha equipe em Genebra, cabe acrescentar os nomes de Carlos Cozendey, que trabalhou comigo em Genebra e no Itamaraty e que, entre 1998 e 2001, integrou dois *panels,* e também o do Embaixador José Alfredo Graça Lima, grande conhecedor dos temas do GATT e da OMC. José Alfredo, em articulação com o Chanceler Lampreia, foi um meu interlocutor privilegiado no Itamaraty, quando me couberam as responsabilidades da Missão em Genebra, e meu subsecretário com responsabilidades na matéria durante boa parte da minha segunda gestão no Itamaraty. Entre 2006 e 2008, integrou dois *panels,* tendo presidido um deles. A estes nomes, com os quais tive grande contato profissional e compartilhei preocupações sobre a importância da inserção do Brasil no sistema de solução de controvérsias, somam-se os de Marta Lemme, que integrou cinco *panels,* e Leane Naidin, que participou de dois, e também Luiz Olavo Baptista, que, depois do término do seu período no Órgão de Apelação, presidiu (2010-2011) um *panel* na OMC.

No capítulo do *soft power* do Brasil representado pelo reconhecimento da reputação profissional dos brasileiros no campo do Direito de Comércio Internacional, tomei uma iniciativa que foi bem-sucedida e que se traduziu na indicação de Luiz Olavo para o Órgão de Apelação da OMC. É com a análise desta iniciativa, que resultou na presença de um brasileiro na segunda instância do sistema da OMC e de seus antecedentes, que vou arrematar estas considerações sobre a inserção do Brasil no sistema de solução de controvérsias da OMC.

– VIII –

Em 1994, antes da entrada em vigor dos Acordos que levaram à criação da OMC, Luiz F. Lampreia, o então Embaixador do Brasil em Genebra e que foi um dos negociadores do Brasil na Rodada Uruguai, recomendava em telegrama ao Itamaraty a apresentação de um nome brasileiro para integrar o futuro Órgão de Apelação e sugeria a candidatura do Embaixador George Álvares Maciel. O Itamaraty, em telegrama de 31/10/1994, aceitou a sugestão e solicitou ao Embaixador Lampreia que fizesse gestões no sentido de apresentar a candidatura ao Embaixador Maciel.

Em telegrama de 17/1/1995, o Embaixador Gilberto Sabóia, que era o Embaixador-alterno do Brasil responsável pela Missão em Genebra, informava ao Embaixador Lampreia, naquele momento já conduzindo o Itamaraty como Ministro das Relações Exteriores do governo Fernando Henrique Cardoso, sobre o andamento da questão. Relatava conversa que tinha tido com o Embaixador Sanchez Arnau, da Argentina, sobre as candidaturas que estavam sendo cogitadas. Sanchez Arnau indicou que o governo do Uruguai estava apoiando a candidatura do Embaixador Julio Lacarte e deu a entender que a candidatura Lacarte tinha o respaldo dos países do QUAD (EUA, UE, Japão e Canadá). Sugeria, assim, o Embaixador Sabóia, gestões brasileiras em prol da candidatura do Embaixador Maciel nas capitais dos países mais ativos no GATT/OMC.

Em 20/1/1995, o Itamaraty expediu circular telegráfica transmitindo às Embaixadas brasileiras em Washington, Tóquio, Ottawa, Buenos Aires, Assunção, México, Bogotá, Lima, Santiago, Havana, Nova Delhi, Jacarta, Bangkok, Manila, Seul, Canberra, Braseuropa (Missão do Brasil junto à UE), Caracas, solicitando também, com base no significativo currículo do Embaixador Maciel, gestões em prol da sua candidatura.

136 DIREITO INTERNACIONAL • Lafer

Em telegrama de 20/1/1995, o Itamaraty informou a Missão que solicitara as gestões sugeridas pelo Embaixador Sabóia e o instruiu a fazer, em Genebra, gestões em prol da candidatura do Embaixador Maciel junto aos representantes, em Genebra, dos países mais atuantes na OMC, assim como aos Presidentes dos Órgãos da OMC envolvidos no processo da indicação dos membros do Órgão de Apelação. Apontava que cabia reiterar a importância que o Brasil atribuía à candidatura Maciel.

Em telegrama de 17/7/1995 à Missão em Genebra, já então sob minha responsabilidade, o Itamaraty solicitou que eu renovasse a Renato Ruggiero, o Diretor-Geral da OMC, o interesse do governo brasileiro na candidatura do Embaixador Maciel.

Em telegrama de 21/8/1995 da Missão de Genebra, o Itamaraty recebeu a informação de que, na minha conversa em 18/10/1995 com Renato Ruggiero, este me dissera que a questão das candidaturas não havia ainda sido decidida e que havia "espaço" para a gestão em prol da candidatura Maciel que eu estava fazendo e que ela era bem-recebida.

O telegrama de 21/7/1995 também transmitia o teor da minha conversa em 19/7/1995 com o Embaixador Don Kenyon, que, na condição de primeiro Presidente do Órgão de Solução de Controvérsias, presidia o Grupo Encarregado do Processo de Seleção – um processo que, na prática do GATT, mantida na OMC, estava voltado para a formação de um consenso entre os membros e, nesse sentido, não se traduziria numa disputa eleitoral à semelhança do que ocorre com candidaturas em outras organizações internacionais intergovernamentais. O Embaixador Don Kenyon me disse que estava trabalhando para ter a lista de nomes decidida até

Reflexões sobre a Inserção do Brasil no Sistema de Solução de Controvérsias da OMC **137**

o dia 31 de julho e que, do ponto de vista das candidaturas latino-americanas, eram dois os nomes que continuavam a ser examinados, o do Embaixador Lacarte, do Uruguai, e o do Embaixador Maciel, do Brasil. Confirmou o que tinha dito Ruggiero, que a questão dos nomes que integrariam o Órgão de Apelação não estava fechada e qualificou como oportuna a gestão brasileira.

Em 29/9/1995, como informei à Secretaria de Estado em telegrama dessa data, reuni-me com o Embaixador Don Kenyon para tomar conhecimento da sua proposta de composição dos membros do Órgão de Apelação a que ele chegara com base nas consultas feitas e lastreado na avaliação do comitê Encarregado do Processo de Seleção. Kenyon sublinhou as dificuldades que marcaram as consultas, os problemas políticos que enfrentou e realçou as qualidades dos 33 candidatos aos sete assentos do Órgão de Apelação.

A seguir informou-me quais os nomes que seriam propostos, que foram os indicados, e que são os que já mencionei ao tratar das consultas com os membros do Órgão de Apelação que posteriormente mantive como Presidente do Órgão de Solução de Controvérsias, sobre regras de procedimentos.

Transmiti o desapontamento do governo brasileiro e o meu, pessoal, com o desfecho do processo de formação de consenso que ele estava catalisando e que não incluía na lista o Embaixador Maciel – cuja presença em Genebra, na apresentação da sua candidatura, respaldei com empenho e convicção – lembrando ao Embaixador Kenyon as diversas manifestações que fizera em prol do seu nome no correr do processo da seleção, que acompanhei de perto.

Kenyon voltou a frisar as dificuldades que estava enfrentando e mencionou que, na escolha entre dois qualificados candidatos latino-americanos, pesou o fato de o Embaixador Lacarte conhecer pessoalmente todos os integrantes do Comitê Encarregado do Processo de Seleção, o que o teria ajudado na entrevista pessoal que teve com o Comitê.

Na análise das dificuldades políticas mais amplas mencionei, no meu telegrama ao Itamaraty, que um dos obstáculos que Kenyon estava enfrentando era a insistência, tanto dos EUA quanto da União Europeia, em terem dois membros, cada um, no Órgão de Apelação. Registrei que aparentemente as dificuldades interpostas pelos EUA estavam sendo superadas mas que a UE não tinha ainda totalmente desistido de sua pretensão, conforme comentário que me tinha sido feito pelo Embaixador Leng da UE.

Andrew Stoler, que integrou a Missão norte-americana em Genebra neste período e que é um grande conhecedor do sistema GATT/OMC, num texto muito interessante, The GATT and WTO Chairman, relata as dificuldades que Don Kenyon enfrentou no processo de indicação dos membros do Órgão de Apelação e, muito especialmente, as pressões dos EUA e da UE, os quais insistiam, como indiquei no meu telegrama acima mencionado, em querer dois membros cada qual no Órgão de Apelação. Relata também o papel que teve Julio Lacarte nas negociações da Rodada Uruguai, em especial na condução daquelas que levaram tanto ao Acordo que estabeleceu a OMC quanto ao *Dispute Settlement Understanding*. Indica, igualmente, a sua contínua e qualificada presença na vida do GATT desde a sua participação na Conferência de Havana de 1948.[25]

---

[25] Andrew Stoler, The GATT and WTO Chairman, in Roberto Kanitz, *Managing Multilateral Trade Negotiations*: the role of the WTO Chairman, cit., p. 124-127; 132-135.

Faço esta referência para observar que, não obstante os indiscutíveis méritos do Embaixador Maciel, estava ele mais distante do fecho das negociações da Rodada Uruguai, e a sua candidatura menos presente na memória diplomática do dia a dia de Genebra. Isso contrastava com os ativos diplomáticos e os serviços prestados por Julio Lacarte na Rodada Uruguai. Este fato, somado ao seu inegável talento, pesou a seu favor no momento da formação do consenso geral que levou à sua escolha para o Órgão de Apelação. Este é o pano de fundo substantivo da observação de Don Kenyon que relato no meu acima mencionado telegrama à Secretaria de Estado. "Comentou, paralelamente, que o fato de o Embaixador Lacarte conhecer pessoalmente todos os integrantes do Comitê dos seis o teria ajudado na entrevista pessoal que teve com o Comitê."

O *Dispute Settlement Understanding*, nas normas sobre os critérios que devem ser seguidos para a composição do Órgão de Apelação, aponta que devem ser pessoas de reconhecida autoridade, com demonstrada competência em Direito, Comércio Internacional e matérias em geral contempladas pelos *covered agreements*. Não devem ter vinculação governamental e deverão ser *"broadly representative of membership in the WTO"* (*Dispute Settlement Understanding*, 17.3). Este último critério abre o espaço para a dimensão regional das candidaturas e foi neste contexto que o nome de Julio Lacarte também teve, como apontei, no processo de sua escolha, a característica de assegurar uma presença latino-americana no Órgão de Apelação.

– IX –

Em 10 de dezembro de 2001 iriam encerrar-se, sem possibilidade de nova recondução, os mandatos, no Órgão de

140 DIREITO INTERNACIONAL • Lafer

Apelação, de Claus-Dieter Ehlermann, Florentino Feliciano e Julio Lacarte e, a este propósito, em 5/4/2001 o Presidente do Órgão de Apelação, o Embaixador Roger Farrell, circulou um comunicado aos chefes das Delegações. Nele lembrava os procedimentos de escolha dos membros do Órgão de Apelação, estabelecidos pelo Órgão de Solução de Controvérsias em 10 de fevereiro de 1995 e indicava a necessidade de decidir sobre os prazos do começo e da conclusão do processo de seleção.

À luz destes dados, cheguei à conclusão, como Ministro das Relações Exteriores e antigo Embaixador em Genebra, de que cabia uma candidatura brasileira de alta qualidade ao Órgão de Apelação. Esta, se vitoriosa, assinalaria o reconhecimento do *soft power* da reputação intelectual do nosso país no campo do Direito na OMC. Ao mesmo tempo, indicaria o peso da presença diplomática do Brasil nos assuntos da OMC, inclusive perante os países latino-americanos, pois a vaga aberta pelo término do mandato de Lacarte seria politicamente vista como uma vaga que caberia à América Latina. Lancei-me nesta empreitada diplomática com a experiência acumulada em Genebra no processo que levou ao sucesso de Lacarte em 1995.

O primeiro passo foi o da identificação de um candidato que tivesse a envergadura necessária para substituir um nome como o de Lacarte. Verifiquei que, nos quadros do Itamaraty, não tínhamos um nome de peso, equiparável ao do Embaixador Maciel que o Brasil tinha proposto em 1995. Tratava-se, portanto, de buscar um respeitável nome fora da Casa. Isso teria o mérito adicional de sinalizar uma desejável abertura democrática do Itamaraty à sociedade em geral e ao mundo acadêmico profissional. Troquei ideias com meus colaboradores no Itamaraty, conversei com o presidente Fernando Henrique Cardoso e fixei-me no nome de Luiz Olavo, depois de tê-lo consultado e contado com o seu assentimento.

Além das qualidades intelectuais que apontei no início deste trabalho, levei em conta que o currículo profissional de Luiz Olavo tinha ingredientes de ação e pensamento que muito ajudariam a respaldar a sua candidatura. Com efeito, o seu perfil, além da dimensão acadêmica de suas publicações e de professor da USP de Direito do Comércio Internacional, com passagem pelas Universidades de Michigan, Columbia e Paris (na qual se doutorou), via-se reforçado de maneira muito significativa, por sua dedicação à arbitragem e a sua extensa participação como árbitro em arbitragens internacionais privadas e interestatais relacionadas com o Direito Econômico. A isso se agregava sua experiência de mais de 30 anos como advogado, consultor de governos e de organizações internacionais como o Banco Mundial, a UNCTAD, o PNUD em matéria de Direito Econômico. Também eram dados relevantes do seu currículo as delegações e comissões do governo brasileiro de que tinha participado e suas filiações profissionais, internacionais e no Brasil.

A candidatura de Luiz Olavo ao Órgão de Apelação foi oficializada na OMC em 21 de maio de 2001, acompanhada do seu currículo, que continha, de maneira documentada, as facetas acima apontadas (JOB nº 3798, 23 May, 2001). Celso Amorim, então Embaixador em Genebra, em telegrama de 29/5/2001 enviado à Secretaria de Estado informava que cumpriu a instrução de formalização da candidatura de Luiz Olavo e registrava que seu currículo tinha sido circulado entre os membros do Comitê de Seleção e distribuído a todos os membros da OMC.

A estratégia diplomática da candidatura de Luiz Olavo desdobrou-se em duas frentes complementares. A primeira, no plano mais geral, foi a das substantivas gestões governamentais do Brasil junto a todos os membros da OMC reforçada, no plano mais específico, no empenho em obter o apoio latino--americano à sua candidatura. Este apoio era fundamental, pois no âmbito da organização, a candidatura brasileira seria naturalmente vista como a da sucessão à vaga latino-americana por conta do término do mandato de Julio Lacarte. A segunda foi a de assegurar não apenas a entrevista formal de Luiz Olavo com o Comitê de Seleção, mas também a de propiciar, com o apoio da Missão, seus contatos informais com as delegações em Genebra de tal forma a familiarizá-los com a sua qualidade profissional. Esta última faceta tinha como objetivo pavimentar a formação de um consenso em torno da sua candidatura como uma candidatura na qual se combinavam o peso diplomático do Brasil com a competência de quem, pela sua experiência prévia, preenchia plenamente os requisitos acima mencionados, previstos no *Dispute Settlement Understanding*, e teria condições de bem exercer a função de membro do Órgão de Apelação.

Sobre os contatos informais registro que, em telegrama de 10/7/2001, o então encarregado de negócios em Genebra, Antonio de Aguiar Patriota, informou à Secretaria de Estado que Luiz Olavo tinha realizado uma primeira série de visitas a chefes de Missões junto à OMC, inclusive Japão, União Europeia, Venezuela, Índia e regressaria nos próximos dias para contatos com outro grupo de chefes de Missões.

Em telegrama de 29/8/2001, a então encarregada da negociação em Genebra, Celina Assumpção, informa que "O Professor Luiz Olavo Baptista está novamente em Genebra esta semana realizando série de visitas adicionais a chefes de Missões junto à OMC, as quais estão sendo agendadas por esta Missão."

Em telegrama de 8/8/2001 à Secretaria de Estado, o Embaixador brasileiro na Argentina, Sebastião do Rego Barros, noticiava o compromisso do governo argentino de apoiar a candidatura de Luiz Olavo e relatava o interesse da Chancelaria argentina em com ele avistar-se por conta da visita por ele programada a Buenos Aires. Em telegrama de 9/8/2001 à Secretaria de Estado, Buenos Aires confirmava o agendamento do encontro de Luiz Olavo na Chancelaria Argentina com a Embaixadora Ileana Di Giovan. Em telegrama de 17/1/2001 à Secretaria de Estado, o Embaixador Celso Amorim, chefe da Missão em Genebra, informava que Roberto Lavagna, o Representante Permanente da Argentina junto à OMC, telefonara-lhe para confirmar que, na reunião de consultas que a Argentina teria com o Comitê de Seleção no dia 5 de setembro, seu governo apoiaria a candidatura de Luiz Olavo.

O apoio da Argentina no âmbito de uma candidatura latino-americana ao Órgão de Apelação tinha relevância, tendo em vista a existência de outras candidaturas da região que previamente despontaram na reunião GRULAC da OMC realizada em 10/5/2001. Em telegrama de 11/5/2001, o Embaixador Celso Amorim informava que tinham sido aventados dois nomes: o de Hector Millan, do Chile, funcionário de carreira da OMC, suscitado pelo Paraguai, Albânia e Quirguízia, e o de Felipe Jaramillo, da Colômbia, que fora representante do seu país junto ao GATT quando da Rodada

144 DIREITO INTERNACIONAL • Lafer

Uruguai e desempenhava, naquele momento, a função de negociador internacional do Ministério do Comércio Exterior. Registrava pertinentemente o telegrama que, na linha da prática da OMC, não se tratava de uma eleição, mas de processo de formação de consenso e que, neste processo, na avaliação de um nome, os parâmetros a serem levados em conta seriam, além da qualidade profissional do candidato, o país de origem, a inexistência de objeções a uma candidatura e apoio por parte dos principais Membros da Organização.

Foi de posse desta informação que o Brasil formalizou, como mencionei, a candidatura de Luiz Olavo em 21/5/2001. Avaliei, naquela ocasião, que o quadro era favorável à sua candidatura não só porque os outros dois nomes latino-americanos não tinham o peso qualitativo do seu percurso, como também porque nosso país lograria diplomaticamente, no contexto da política externa da presidência Fernando Henrique, o consenso latino-americano, o apoio dos principais membros da OMC, inclusive os integrantes do QUAD (EUA, UE, Japão, Canadá), que, naquela época, detinham grande influência, e teria condições de afastar eventuais objeções ao seu nome. Estimei, também, que a minha prévia experiência em Genebra e as positivas relações que dela derivaram no quadro da diplomacia parlamentar da OMC, reforçada pela construtiva atuação que vinha tendo como Ministro nos temas da OMC e nos preparativos para a Conferência Ministerial de Doha, me permitiriam dar uma contribuição pessoal para o bom encaminhamento da operação diplomática voltada para o sucesso da candidatura Luiz Olavo.

Em 21/7/2001 a Secretaria de Estado expediu circular telegráfica dando instruções para a realização de gestões em prol da candidatura de Luiz Olavo nela explicitando as razões pelas quais, com base no seu currículo, o Brasil estava patrocinando a sua candidatura. A circular foi enviada às Embaixadas do Brasil em Bogotá, Buenos Aires, Camberra, Caracas, Guatemala, Havana, Islamabade, Kingston, Kuala Lumpur, La Paz, Lima, Manágua, Montevidéu, México, Nova Delhi, Ottawa, Panamá, Pretoria, Quito, Santiago, Seul, São Domingos, São José, Tóquio, Tegucigalpa, Washington, Wellington, Braseuropa (Missão do Brasil junto à EU) e Delbrasgen (Missão do Brasil em Genebra).

Em 24/7/2001 circular de teor análogo foi expedida às Embaixadas do Brasil em Atenas, Berlim, Bruxelas, Copenhagen, Dublin, Estocolmo, Haia, Helsinki, Lisboa, Londres, Madri, Paris, Roma e Viena, com cópia para Delbrasgen e Braseuropa. A circular informava que instrução análoga já tinha sido transmitida a postos da América Latina e a capitais de países particularmente atuantes e influentes na OMC, não membros da União Europeia.

No âmbito latino-americano, a propósito da mobilização diplomática do Brasil, registro que a Secretaria de Estado recebeu, *inter alia*, informação sobre as gestões feitas em Bogotá (22/8/2001); Caracas (31/7/2001); Guatemala (23/7/2001); Havana (21/8/2001); La Paz (23/7/2001) – La Paz, em telegrama de 9/8/2001, do Embaixador Stelio Amarante, comunicava o apoio do governo boliviano à candidatura de Luiz Olavo – Lima (16/8/2001); México (31/7/2001); Montevidéu (31/7/2001) e, nesta mesma data, também informava o Embaixador Francisco Thompson-Flores a formalização do apoio da Chancelaria Uruguaia à candidatura de Luiz Olavo; Panamá (27/7/2001); Quito (1º/8/2001); Santiago (15/8/2001 e 4/10/2001); Tegucigalpa (23/7/2001 e 15/8/2001).

No âmbito mais geral da mobilização diplomática do Brasil, registro que a Secretaria de Estado recebeu, *inter alia*, informação sobre as gestões feitas em Atenas (1º/8/2001); Berlim (10/8/2001); Haia (30/7/2001 e 1º/10/2001); Helsinque (30/7/2001); Islamabade (25/7/2001); Madri (10/8/2001, 20/8/2001); Pretoria (30/7/2001); Ottawa (24/7/2001); Roma (3/10/2001) – em telegrama no qual o Embaixador Paulo Tarso Flecha de Lima informou o apoio do governo italiano à candidatura Luiz Olavo; Wellington (25/7/2001); Viena (30/7/2001). Cuidados especiais cercaram as gestões feitas junto à União Europeia, conduzidas pelo Embaixador Clodoaldo Hugueney (10/8/2001) e Washington.

No telegrama de 30/7/2001, enviado por Washington pelo então encarregado de negócios, Roberto Jaguaribe, este informava que a primeira leitura, no USTR, das credenciais de Luiz Olavo causou impressão favorável, mencionava minhas prévias gestões pessoais junto ao USTR Zoellick em prol da candidatura Luiz Olavo e comentava o contato pessoal de Luiz Olavo com a Embaixadora norte-americana em Genebra, Linnet Deily. O telegrama registra "a importância que os EUA atribuem a uma atuação ortodoxa dos árbitros do Órgão de Apelação, mais fundada na estrita observância das normas dos acordos do que em interpretações flexíveis dos textos". Este comentário está relacionado com a preocupação que mencionei no corpo deste trabalho sobre as razões que levaram, na Rodada Uruguai, aos arts. 3, 2 e 19, 2 do *Dispute Settlement Understanding*, que têm como objetivo conter o ativismo judicial.

No *aide-mémoire* entregue ao USTR pela Embaixada brasileira, por ocasião da gestão, solicitando o apoio dos EUA à candidatura de Luiz Olavo, o sentido da postulação

Reflexões sobre a Inserção do Brasil no Sistema de Solução de Controvérsias da OMC **147**

brasileira está explicitado nos seguintes termos: *"In view of the great importance Brazil gives to the WTO Appellate Body as a tool for promoting stability and fairness in the multilateral trading system, as well as the personal qualifications of Professor Luiz Olavo Baptista, the Government of Brazil would greatly appreciate the valuable support of the Government of the United States for this candidacy."*

A formação do consenso em torno do nome de Luiz Olavo para o Órgão de Apelação foi se consolidando no âmbito das Missões em Genebra e nas instâncias decisórias das capitais dos países-membros da OMC. Assim, o Comitê de Seleção, integrado pelo Diretor-Geral e pelos Presidentes do Conselho Geral, do Órgão de Solução de Controvérsias, do Conselho de Bens, do Conselho de Serviços e do Conselho de TRIPs, depois de consultas com os membros da OMC, propôs e o Órgão de Solução de Controvérsias, em reunião de 25 de setembro de 2001, chancelou os nomes de Luiz Olavo, John Lockhart da Austrália e de Giorgio Sacerdoti da Itália para integrarem o Órgão de Apelação nas vagas decorrentes do término dos mandatos de Claus-Dieter Ehlermann, Florentino Feliciano e Julio Lacarte. Assegurou-se, desta maneira, a presença de um brasileiro na segunda instância do sistema de solução de controvérsias da OMC, e Luiz Olavo, subsequentemente, pela qualidade de sua atuação no Órgão de Apelação, ampliou o *soft power* da reputação do Brasil na esfera do Direito da OMC.

6

A OMC E OS BLOCOS REGIONAIS[1]

Na sua origem, este livro[2] é a tese de doutorado elaborada por Tatiana Lacerda Prazeres sob a segura orientação do prof. Eduardo Viola na Universidade de Brasília. A tese, intitulada Sistema multilateral de comércio e processos de integração regional: complementaridade e antagonismo, foi defendida e aprovada em setembro de 2007. Tive o prazer de integrar a banca examinadora. Nesta condição pude admirar a qualidade de pesquisadora e os méritos intelectuais de Tatiana Lacerda Prazeres, cujo excelente trabalho anterior sobre as barreiras técnicas na OMC – fruto de sua dissertação de mestrado na Universidade Federal de Santa Catarina, na qual contou com a qualificada orientação do prof. Welber Barral – tinha lido quando de sua publicação em 2003. Já por ocasião desta leitura de 2003 logrei identificar na jovem A. uma estudiosa de primeira linha do Direito Internacional Econômico, atenta à agenda de relevantes problemas do comércio internacional – um campo do conhecimento a que me

---

[1] Prefácio ao livro de Tatiana Lacerda Prazeres, *A OMC e os blocos regionais*, São Paulo, Aduaneiras, 2008, p. 11-19.

[2] *A OMC e os blocos regionais*, São Paulo, Aduaneiras, 2008.

venho dedicando, seja no exercício da docência universitária, seja no exercício de funções públicas.

Este novo livro, que tenho a satisfação de prefaciar, representa uma nova etapa no trabalho intelectual de Tatiana Lacerda Prazeres. Assinala a passagem do estudo preciso de um tema importante, mas específico – as barreiras técnicas e o protecionismo – para uma investigação sobre os amplos horizontes de um dos mais relevantes temas da ordem econômica internacional contemporânea: o do relacionamento entre o multilateralismo de vocação universal encarnado na OMC e os múltiplos acordos regionais do comércio que vêm, nos últimos anos, crescendo de forma exponencial em todos os quadrantes do mundo. Qual é o alcance do tema examinado neste livro?

A OMC busca a liberalização comercial entre seus membros de forma não discriminatória. Sucedeu ao antigo GATT, com outra amplitude institucional, de membros e de normas. Encaminha a não discriminação no intercâmbio entre os seus membros por meio da cláusula da nação mais favorecida. Esta estabelece a igualdade de tratamento nas trocas regulamentadas pela Organização, que são fruto de negociações multilaterais. Refreia o protecionismo por meio do princípio do tratamento nacional, que estipula que os produtos importados não terão tratamento menos favorável do que os fabricados nacionalmente.

Como analisa a A., desde os tempos do GATT existem exceções legalmente contempladas aos princípios gerais que tutelam, no sistema multilateral do comércio, a não discriminação. Entre estas exceções, calibradoras do sistema, uma das mais importantes é a que permite, obedecidas certas condições amplamente examinadas neste livro, acordos

150 DIREITO INTERNACIONAL · Lafer

regionais de comércio como as uniões aduaneiras e as áreas de livre comércio.

A exceção acima mencionada foi concebida como um instrumento válido para o GATT e depois para a OMC, na medida que estimula a liberalização comercial e cria comércio. É o que se qualifica como regionalismo aberto. Este representa um passo para a liberalização comercial mais abrangente e é tido também como exceção aceitável porque permite aos membros de um acordo regional alcançarem objetivos que não podem ser atendidos no âmbito multilateral. Por exemplo, os politicamente ligados à paz e à segurança numa região ou os que permitem o aprofundamento da cooperação no campo da coordenação de políticas macroeconômicas.

Porque discriminam terceiros que dele não fazem parte, os acordos regionais podem também ensejar o desvio do comércio, para lembrar a clássica formulação de Viner. Nesse sentido, se contrapõem aos objetivos da OMC. É por esta razão que, desde os tempos do GATT, sempre houve a preocupação de submetê-los ao controle das disciplinas multilaterais.

A razão de ser desta preocupação e de sua agenda de dificuldades cresce de importância nos dias de hoje por dois motivos que se imbricam. Em contraste com o GATT, a OMC é *ratione personae* uma organização de vocação universal que ampliou significativamente *ratione materiae* as suas competências e normas para consolidar o sistema multilateral de comércio. Por outro lado, os acordos regionais contemporâneos são também muito complexos e abrangentes nas suas normas e ambições. Daí o risco do conflito de normas e as incertezas regulatórias no campo do comércio internacional. Estas colocam em questão a transparência e a previsibilidade do sistema multilateral de comércio. Por isso, um grande estudioso da economia internacional, Jagdish Bhagwati, vem falando num *spaghetti bowl* normativo que caracterizaria o Direito Internacional Econômico nesta matéria. Daí, igualmente, com a proliferação dos acordos regionais de comércio, o risco de a cláusula da nação mais favorecida tendencialmente transformar-se numa exceção e não numa regra na vida do comércio internacional, como apontado no *Sutherland Report* de 2005 sobre o futuro da OMC. Disso, um grande exemplo é representado pelas múltiplas redes de preferências da União Europeia.

É esta problemática que Tatiana Lacerda Prazeres enfrenta neste livro, que, do ponto de vista mais geral, trata do relacionamento entre o mundo do sistema internacional e os muitos mundos dos diferentes regionalismos, para lembrar a formulação de Andrew Hurrell, que, em seu livro de 2007 – *On Global Order* – destaca o significado da dimensão regional para o entendimento da ordem internacional. De maneira mais específica, a problemática proposta pela A. é uma expressão político-econômica de tendência que hoje permeia o sistema internacional que ao mesmo tempo se universaliza e se regionaliza, por obra das forças centrípetas da globalização e das centrífugas dos particularismos. Uma das consequências desta tendência é a fragmentação do Direito Internacional de Cooperação, vale dizer, a emergência de regimes jurídicos especiais voltados para a cooperação específica em vários campos, inclusive o do comércio. Desta pluralista diversificação e expansão do Direito Internacional provém uma normatividade de conteúdo variável, pois não está clara a relação *inter se* destes diversos regimes jurídicos que instauram normas de mútua colaboração entre os Estados. As dificuldades de a OMC exercer um controle multilateral dos acordos regionais de comércio – amplamente estudadas pela A. – são uma expressão deste processo de fragmentação, tão bem examinado por Martti Koskenniemi em seu relatório de 2006, no âmbito da agenda de trabalho da Comissão de Direito Internacional da ONU.

A complexidade do tema e das variáveis envolvidas na questão que Tatiana Lacerda Prazeres se propôs examinar transcende o âmbito de uma leitura *stricto sensu* do Direito Internacional Econômico. Exige uma abordagem multidisciplinar. Por isso, um dos grandes méritos deste livro que quero realçar neste prefácio é o equilíbrio e a profundidade com a qual a A. recorreu à Teoria das Relações Internacionais, à Economia, ao Direito e à História para esclarecer os problemas discutidos nos cinco capítulos do seu livro.

Ela examina, no capítulo I, o histórico e o desdobramento dos princípios e das características do sistema multilateral do comércio. Trata, no capítulo II, do regionalismo, contextualizando o seu papel na vida internacional. Explora, no capítulo III, experiências selecionadas do regionalismo econômico-comercial na atualidade, dando o devido destaque à União Europeia, à NAFTA, ao Mercosul, e apresenta, também, um breve panorama do contexto asiático. No capítulo IV, enfrenta o desafio do regionalismo no âmbito da OMC, tratando das regras da OMC, da atuação do Comitê de Acordos Regionais, do tema nas negociações da Rodada Doha, examinando também a posição de maior rigor jurídico, que emana da jurisprudência do sistema de solução de controvérsias, que ela discute com grande propriedade. No denso capítulo V, a A. reflete sobre a institucionalidade complexa do comércio internacional, na qual interagem multilateralismo e regionalismo. Examina os fatores que contribuem para o multilateralismo e os que o enfraquecem, sintetizados num preciso quadro esquemático, e aponta o desafio criado pelo regionalismo para o futuro da OMC.

Nas conclusões do livro, Tatiana Lacerda Prazeres registra que, quando começou as suas investigações, pensava construir o seu trabalho sobre multilateralismo e regionalismo com base numa dicotomia excludente: ou complementaridade ou antagonismo. Verificou, com conhecimento multidisciplinar e fundamento na sua investigação, que: "O regionalismo, ao mesmo tempo em que favorece o multilateralismo comercial, o prejudica. Não se trata, portanto, de uma alternativa: favorecer ou prejudicar. O que existe, assim, é algo distinto: a relação é, ao mesmo tempo de complementaridade e de antagonismo." Trata-se, em síntese, para recorrer ao ensinamento de Miguel Reale, de uma dicotomia que obedece a uma dialética de mútua implicação e polaridade, sem a qual não se pode dar conta de uma realidade ontologicamente complexa, na qual fatos e valores de maneira aberta inserem-se na vida da criação e da aplicação de normas. A modulação desta dialética permeia este livro de Tatiana Lacerda Prazeres e é a chave explicativa da qualidade de sua contribuição ao deslinde deste grande tema da agenda econômico-comercial contemporânea.

Quero finalizar este prefácio fazendo algumas considerações sobre por que concordo com a linha de reflexão de Tatiana Lacerda Prazeres. A primeira, de ordem geral, provém do modo de operar da diplomacia brasileira no mundo que, de forma complementar e não excludente, sempre atuou nos dois planos: o regional e o multilateral. Por isso a condição de parte-contratante, originária do GATT, não excluiu práticas de regionalismo econômico, das quais a primeira foi a ALALC.

A segunda consideração, mais específica, porque identifiquei na análise da A. muito do que apreendi com base na minha própria experiência no trato do multilateralismo comercial e do regionalismo econômico, seja como docente, seja em função das responsabilidades que tive no encaminhamento de problemas do Mercosul e da OMC. Rememoro, assim, para registrar a instigação intelectual que foi a leitura do seu trabalho, alguns dos muitos pontos que mencionei por ocasião da defesa da tese e que foram objeto do nosso diálogo.

No trato das forças que promovem a regionalização, tive presente, quando exerci funções públicas, que foi também o Chile que, na negociação da Carta de Havana, pressionou por uma exceção à cláusula da nação mais favorecida para autorizar os países latino-americanos a conferirem vantagens aos vizinhos. Esta postura contribuiu para levar no GATT a aceitabilidade da exceção representada pelas áreas de livre comércio, como registrei no meu artigo de 1971, O GATT, a cláusula da nação mais favorecida e a América Latina. Tive isso em mente no trato da especificidade desenvolvimentista da cláusula de habilitação – que a A. discute no livro – na decisão tomada, como Ministro das Relações Exteriores, de apresentar, em 1992, o Mercosul ao GATT, sob sua égide. Mais tarde, como Embaixador na OMC, insisti, em 1996, por ocasião da criação do Comitê de Acordos Regionais, na relevância da inserção da discussão da cláusula na agenda dos temas sistêmicos do regionalismo. Na mesma linha, na Conferência Ministerial de Doha de 2001, como Ministro das Relações Exteriores trabalhei para que no § 29 do Mandato Negociador de Doha a clarificação das disciplinas multilaterais sobre acordos regionais incluísse a dimensão do desenvolvimento que a cláusula de habilitação busca resguardar. Retomei a discussão da cláusula de habilitação e da sua origem na Rodada Tóquio, na elaboração do *Sutherland Report* de 2005, de que participei, nela vendo um componente do desafio de manejar, no sistema multilateral de comércio, o tratamento especial e diferenciado para países em desenvolvimento na medida que a significativa redução dos níveis tarifários torna inoperante a concessão das margens de preferência.

A A. realça devidamente a importância do princípio da transparência na OMC. Em função da minha experiência, qualifiquei o princípio da transparência como uma obrigação de comportamento, que tem a natureza política de uma *confidence-building measure*. Esta é indispensável tanto para conter o segredo no qual se sustenta o unilateralismo quanto para lidar com a agenda da opinião pública de países democráticos, no âmbito dos quais as negociações comerciais envolvem, na dinâmica protecionismo/liberalização, conflitos redistributivos internos. A transparência permite conduzir com lealdade a dimensão interna das negociações comerciais e, com conhecimento, as negociações externas no "jogo dos três níveis" – o nacional, o regional e o multilateral – que a A. discute no capítulo I. Por isso, como defensor da OMC, sou sensível ao impacto na diluição da transparência e na previsibilidade do sistema multilateral de comércio que resulta do *spaghetti bowl* normativo proveniente dos acordos regionais de comércio. Esta é uma das razões pelas quais uma das propostas do *Sutherland Report* – devidamente registrada pela A. – é a de ampliar, no âmbito da OMC, a transparência dos acordos regionais de comércio na linha da experiência dos processos existentes dos Mecanismos de Revisão de Políticas Comerciais dos Membros da Organização.

156 DIREITO INTERNACIONAL • Lafer

O princípio geral do tratamento nacional que a A. discute no capítulo I tem as suas dificuldades, pois os textos, voltados para equiparar produtos nacionais e estrangeiros, não falam em produtos idênticos, mas em *like products*, ou seja, em produtos similares. A discussão da similaridade transita, juridicamente, pelo conceito da analogia, ou seja, da semelhança relevante. Da complexidade do tema que passa pela incidência tributária diferenciada sobre produtos similares e do seu impacto protecionista, dei-me conta com mais precisão acompanhando como Embaixador em Genebra o caso *Japan – Alchoholic Beverages* submetido ao sistema de solução de controvérsias da OMC.

No livro, a A. discute a diferença entre a lógica diplomática e a lógica jurídica, comparando as dificuldades do Comitê dos Acordos Regionais no trato das disciplinas multilaterais e a autonomia do sistema de solução de controvérsias nesta matéria, exemplificando o seu raciocínio na excelente análise do caso *Turkey-Textiles*.

Na discussão da tese, lembrei à A. o paralelo que, nesta linha das distintas lógicas, se pode traçar, com a experiência na OMC proveniente de uma outra exceção ao princípio da não discriminação: o da aceitabilidade das restrições quantitativas ao comércio em função de problemas de balança de pagamentos. Com efeito, há uma diferença entre a atuação do Comitê da Balança de Pagamentos que, com abertura para o FMI, obedece à lógica da diplomacia financeira e a autonomia do sistema de solução de controvérsias.

Este trouxe para a OMC, como discuti em várias oportunidades, um adensamento de juridicidade e, consequentemente, um papel próprio para a lógica jurídica. Foi o que afirmou – e o Órgão de Apelação confirmou – o *panel* que presidi no caso *India – Quantitative Restrictions*, ao esclarecer que os *panels* têm competência jurídica própria para rever quaisquer matérias relativas a restrições quantitativas baseadas em problemas de balança de pagamentos.

Na tese, a A. menciona em vários momentos o caso *Brazil – Measures Affecting Imports of Retreated Tyres*, que estava sob apreciação do Órgão de Apelação, apontando que o cumprimento, pelo Brasil, do laudo arbitral do Mercosul gerava conflitos potenciais com as normas da OMC. É interessante notar, para registrar o adensamento da juridicidade representada pelo sistema de solução de controvérsias da OMC, que a decisão de dezembro de 2007 do Órgão de Apelação dirimiu a questão. Foi além do *panel*. Examinou o laudo arbitral do Mercosul, que dera ganho de causa ao Uruguai e, dessa maneira, permitira uma exceção à proibição geral de importação de pneus reformados, registrando que, no seu âmbito, o tema ambiental e da saúde não tinha sido suscitado pelo Brasil. Considerou a execução do laudo com base no art. XX do GATT (1964) uma discriminação injustificada em relação a outros membros da OMC e que, além do mais, afetava a eficácia dos objetivos visados pela proibição, vinculados a preocupações ambientais. Entendeu o Órgão de Apelação, na análise do laudo arbitral do Mercosul, que este não cuidou dos temas do art. XX do GATT (1994), o que, em princípio, poderia ter feito com base na similaridade que comporta com o art. 50 do Tratado de Montevidéu. Nesse sentido, a decisão do Órgão de Apelação, no trato da relação entre a OMC e um acordo regional, ensaia um controle de consistência e legalidade de um laudo arbitral do Mercosul. Esta é uma das originalidades jurídicas da decisão do Órgão de Apelação que expressa a natural preocupação dos juristas com a *unitas ordinis* do Direito Internacional Econômico.

A interação entre as negociações regionais e multilaterais examinada pela A. e a sua dinâmica de complementaridade e antagonismo foi o que me levou, com base na experiência, a criar, na minha gestão no Itamaraty de 2001-2002, uma estrutura matricial no Departamento Econômico do Ministério das Relações Exteriores. Tive presente a similaridade dos temas tratados nas negociações multilaterais e regionais, a sinergia do seu exame conjunto pelas equipes que a eles estavam se dedicando e a importância de, por meio de um acompanhamento integrado, lograr uma visão de conjunto do interesse nacional e dos rumos do Direito Internacional Econômico.

Quero concluir recordando um comentário atribuído a Kojève que circulava em Genebra no meu período de embaixador na OMC. Kojève – que além de ter sido grande exegeta de Hegel foi um alto funcionário de Estado francês com responsabilidades no campo da diplomacia econômica – teria dito que o esforço intelectual de lidar com as normas do sistema multilateral de comércio não era menor do que o exigido para interpretar os textos hegelianos. Como professor de Filosofia do Direito, que também sou, vivendo o dia a dia da OMC em Genebra, muito apreciei esta observação. Com efeito, o comentário, independentemente de sua autenticidade, pareceu-me pertinente, pois é considerável o esforço requerido para alcançar a paciência dos conceitos e apreender a astúcia da razão que permeia o funcionamento do sistema multilateral do comércio. Tatiana Lacerda Prazeres empreendeu este esforço. Dele resultou este livro, que é uma contribuição de primeira linha ao Direito Internacional Econômico, que dá nova consistência e qualidade internacional à bibliografia brasileira neste campo.

7

SUBSÍDIOS AGRÍCOLAS E REGULAÇÃO INTERNACIONAL[1]

O Sistema Multilateral de Comércio teve início nos pós-Segunda Guerra Mundial com a criação do GATT. Este, por meio de sucessivas Rodadas Negociadoras, favoreceu a liberalização do comércio e foi elaborando normas de Direito Internacional Econômico, voltadas para a regulamentação do comércio internacional.

Na sua trajetória, o GATT dedicou-se preponderantemente ao comércio de produtos industriais. Não teve como foco a agricultura. Para isso contribuiu a posição dos EUA, que, desde o *Agricultural Adjustment Act* adotado por Roosevelt em 1933, passaram a utilizar mecanismos internos da política agrícola que incluíam subsídios à exportação e barreiras à importação – que nada tinham a ver com a visão preconizada pelo GATT. Estes mecanismos foram, no correr do tempo, objeto de novas leis, e as restrições americanas beneficiaram-se, no âmbito do GATT, de um *waiver* de 1955, que as legalizou. A isso cabe acrescentar que o P.L. 480, de

---

[1] Prefácio ao livro de Adriana Dantas, *Subsídios agrícolas – regulação internacional*, São Paulo, Saraiva, 2009, p. xv-xvii.

1954, a denominada lei de "alimentos para a paz", foi um importante instrumento de promoção da política externa norte-americana por meio da concessão, soberanamente deliberada, de ajuda alimentar, numa época em que os EUA eram, efetivamente, o "celeiro do mundo".

Foi neste contexto, distante do multilateralismo comercial, que a Comunidade Econômica Europeia, criada em 1957, não teve dificuldades em dar ao setor agrícola um tratamento diferenciado do setor industrial que levou à Política Agrícola Comum – a PAC. A PAC atendeu aos objetivos políticos do equilíbrio de interesses no âmbito dos países integrantes da Comunidade Econômica Europeia, isolou os produtores europeus da competição externa, criou mecanismos de restrições às importações, direitos aduaneiros variáveis e subsídios às exportações que igualmente nada tinham a ver com a visão do GATT.

Cabe lembrar que o comércio de produtos agrícolas teve também mecanismos próprios de regulamentação internacional, independentes do GATT. O exemplo de Direito Internacional Econômico mais relevante é o Convênio Internacional do Café de 1962, que, celebrado por países produtores e países consumidores, instaurou um acordo de produtos de base. Este tipo de Acordo combinava mercado e intervencionismo à luz da conjuntura econômica e continha normas de mútua colaboração que também não se enquadravam na moldura do GATT.

A agricultura só entrou efetivamente na agenda do GATT com a Rodada Uruguai, pela ação do Grupo de Cairns, um conjunto de países desenvolvidos e em desenvolvimento – entre eles o Brasil – interessados na liberalização do comércio agrícola. A Rodada Uruguai levou à criação da OMC e buscou responder a uma multiplicidade de interesses para alcançar um consenso que criou, dando continuidade ao GATT, novas normas e uma nova organização incumbida de zelar pelo sistema multilateral do comércio. No âmbito da OMC a agricultura encontrou espaço institucional, no Acordo sobre Agricultura, que deu início ao processo de reforma do comércio internacional de agricultura e no Acordo sobre Medidas Sanitárias e Fito-Sanitárias. Também, pelo fato de as normas jurídicas da OMC comporem, por obra do conceito de *single understanding*, um ordenamento jurídico, têm incidência em matéria de agricultura o Acordo sobre Subsídios e Medidas Compensatórias e, por obra do término da validade da "cláusula de paz", o potencial da plena utilização do inovador sistema de solução de controvérsias.

É no quadro geral das normas da OMC, que contrastam com o prévio escopo do GATT, que se situa o livro de Adriana de Menezes Dantas, *Subsídios agrícolas – regulação internacional* (São Paulo, Saraiva, 2009). O livro teve sua origem na excelente tese de doutoramento de Adriana Dantas, da qual fui o orientador na pós-graduação da Faculdade de Direito da USP, e que foi defendida com brilho e aprovada com distinção e louvor em 30 de abril de 2008 pela banca que presidi, composta pelos professores Luiz Olavo Baptista, Alberto Amaral Jr., Leonardo Nemer e Rabih Nasser.

O livro é fruto de uma admirável e pacienciosa pesquisa. Mostra que, na discussão e análise da efetividade das normas do comércio internacional, é indispensável a investigação do concreto em função dos problemas de transparência. Com efeito, é no dígito da tarifa aduaneira, nos escaninhos da legislação interna e nos interstícios da ambiguidade das normas da OMC que se escondem as medidas protecionistas,

162 DIREITO INTERNACIONAL • Lafer

distorcedoras dos objetivos gerais preconizados nas normas do sistema multilateral do comércio.

Com foco na atuação dos EUA por meio de uma exaustiva análise da casuística da legislação daquele país, implementadora dos compromissos internacionais assumidos na Rodada Uruguai, mostra Adriana Dantas os limites do Acordo sobre Agricultura como instrumento de mudança. Aponta como os mecanismos do Acordo sobre Agricultura acabaram acomodando instrumentos distorcivos e, assim, favorecendo a continuidade de uma prática ao conferir uma "aparência" de legalidade à política agrícola norte-americana. Concentra sua análise nas medidas do apoio doméstico e seu enquadramento no sistema de caixas previsto pelo Acordo sobre Agricultura. Também analisa o contencioso do algodão com os EUA, que o Brasil venceu e que foi o primeiro caso a questionar programas internos de subsídios agrícolas com amparo nas regras do Acordo sobre Subsídios e Medidas Compensatórias. Na sua análise, mostra como são significativos os problemas na produção de provas e sublinha as dificuldades de estabelecer no questionamento dos subsídios internos o nexo causal entre estes subsídios internos e os seus efeitos adversos externos, nas hipóteses contempladas pelo Acordo sobre Subsídios e Medidas Compensatórias.

A rigorosa análise empreendida por Adriana Dantas neste livro fundamenta a sua avaliação crítica das insuficiências das atuais normas da OMC para efetuar o controle dos subsídios agrícolas de apoio doméstico e promover uma profunda mudança do comércio internacional de produtos agrícolas. O seu conhecimento da matéria é a base para as suas sugestões, *de lege ferenda*, das alterações desejáveis. Daí as indicações que o livro contém sobre mecanismos de monitoramento dos subsídios e de novas regras e procedimentos a serem contemplados no Acordo sobre Agricultura e no Acordo sobre Subsídios e Mecanismos Compensatórios.

O livro de Adriana Dantas é uma contribuição original e de qualidade que enriquece a bibliografia sobre a OMC. É um estudo superiormente esclarecedor das possibilidades e dos limites da efetividade das normas do sistema multilateral comercial na área da agricultura, que é do alto interesse do comércio internacional do Brasil. É relevante na fundamentação da posição brasileira e na de tantos países empenhados na mudança do comércio internacional de produtos agrícolas, nas difíceis e inconclusas negociações da Rodada Doha.

Diz o provérbio português: "Do trabalho e experiência aprende o homem a ciência." A experiência no trato do tema e o diligente trabalho que a acompanhou permitiram à Adriana Dantas elaborar este livro que tenho a satisfação de prefaciar com a convicção de que se trata de uma contribuição que alarga, com ciência, o horizonte do conhecimento do Direito Internacional Econômico.

8

SOBRE A UNCTAD[1]

Em junho de 2004 realizou-se em São Paulo a XIª Conferência da UNCTAD, órgão do sistema da ONU, voltado desde as suas origens em 1964 para o tema da relação entre comércio e desenvolvimento. Qual é o significado do evento e em que medida é esclarecedor do papel da UNCTAD na pauta das discussões da agenda econômica internacional?

Começo observando que o Brasil foi a sede da Conferência. Sediar uma reunião de cúpula sempre tem um objetivo diplomático. Assim, a Conferência da ONU do Rio, de 1992, sobre meio ambiente e desenvolvimento, realizada no governo Collor em função de uma prévia decisão do governo Sarney, teve um objetivo claro. Foi o de marcar uma construtiva postura brasileira neste campo, à luz de uma nova sensibilidade do país sobre meio ambiente, explicitada no art. 225 da Constituição de 1988.

A decisão de sediar a Conferência da UNCTAD no Brasil foi tomada no governo Fernando Henrique Cardoso. De-

---

[1] A conferência da UNCTAD, in: *O Estado de S.Paulo*, Espaço Aberto, p. A2, 20/6/2004.

rivou da avaliação de que o Brasil é um país que reúne as condições de ser, ao mesmo tempo, beneficiário e crítico do processo de globalização. Daí um juízo nesta matéria que se exprimiu, no governo Fernando Henrique, numa ação externa de crítica fundamentada ao "déficit de governança" da economia mundial. Entendeu-se, assim, que esta crítica ganharia fundamentada abrangência através de uma reunião de cúpula. Teria como lastro o trabalho e a atuação do Embaixador Rubens Ricúpero, que, como secretário-geral da UNCTAD de 1995 a 2004, sem esquecer as lições do passado, reposicionou a organização para os desafios contemporâneos. Os documentos emanados da Conferência confirmaram esta apreciação. Têm peso diplomático pois a UNCTAD é o ponto focal da ONU para o trato de comércio/desenvolvimento e os temas conexos de finanças, tecnologia, investimento e desenvolvimento sustentável.

A UNCTAD, convém lembrar, não é uma organização internacional especializada criada por tratado próprio, como é o caso do FMI ou do Banco Mundial, que têm competências e recursos próprios na área de financiamento e integram o sistema da ONU. A UNCTAD também não é um órgão da ONU, como o Conselho de Segurança. É um órgão subsidiário, dotado de permanência que emanou da Assembleia Geral. Surgiu na década de 1960 quando a polaridade econômica Norte/Sul encontrou o seu espaço político no conflito Leste/Oeste. Viabilizou-se pelo peso numérico dos países em desenvolvimento (Grupo dos 77) no jogo da diplomacia parlamentar da época. Dedicou-se, inspirada pelas ideias e liderança de Raul Prebish, que foi o seu primeiro secretário-geral, a elaborar uma reflexão própria sobre o desenvolvimento, com ênfase numa nova política comercial internacional, atenta aos problemas do Sul.

Daí uma interação conflitiva mas fecunda com o GATT, pois este estava voltado para o funcionamento do sistema multilateral de comércio e a UNCTAD se propunha a transformá-lo. Desta interação surgiu a Parte IV do GATT, representativa de uma abertura nova para a relação comércio/ desenvolvimento e conceitos como o tratamento especial e diferenciado para países em desenvolvimento, assim como o sistema de preferências comerciais como meio de acesso, aos mercados dos países desenvolvidos, para os países em desenvolvimento.

A UNCTAD, porque emana da Assembleia Geral da ONU, opera através da lógica da diplomacia parlamentar. Não é um foro permanente de negociações como a OMC, organização internacional independente do sistema da ONU, criada em 1994, que ampliou e consolidou estas funções do GATT.

Negociar acordos comerciais por meio da diplomacia parlamentar não é fácil, levando-se em conta também a heterogeneidade de interesses do Grupo dos 77. A isso se somou, com o fim da Guerra Fria, a diminuição da relevância política da polaridade Norte/Sul. Daí a necessidade de situar a UNCTAD num novo cenário, sem esquecer que a relação comércio/desenvolvimento, que está na base da sua criação, tornou-se ainda mais importante com o aprofundamento do processo de globalização. É por esse motivo que a interação UNCTAD/OMC é tão relevante e é por essa razão que a Conferência realçou o papel da UNCTAD nas negociações do mandato de Doha, que insere o desenvolvimento como uma das suas preocupações centrais.

A tarefa de contribuir para uma participação mais efetiva dos países em desenvolvimento numa economia mundial em mudança é hoje a função da UNCTAD. São três os pilares de sua atuação, consolidados na gestão Ricúpero: ajuda técnica; pesquisa e análise de políticas econômicas e criação de consenso. A ajuda técnica vem capacitando países em desenvolvimento a lidar com a complexidade do sistema comercial multilateral que, com a OMC, ampliou o seu escopo e tem uma abrangência de vocação universal. A pesquisa e a análise na qual a UNCTAD tem áreas de excelência vêm dando aos países em desenvolvimento uma informação de qualidade voltada para identificar opções e criar espaços para políticas econômicas nacionais e internacionais, que associam equidade e eficiência. Nesse sentido a UNCTAD está para os países em desenvolvimento como a OCDE está para os países desenvolvidos.

Finalmente, em matéria de criação de consenso, necessário para as deliberações internacionais, a UNCTAD parte de um fato: o tema Norte/Sul continua na ordem do dia da agenda internacional. Daí a importância da ideia reguladora que vem sendo elaborada pelo Embaixador Rubens Ricúpero: assim como a paz é indivisível, pois qualquer guerra afeta a segurança de todos, assim também a solidariedade é indivisível, pois os problemas da pobreza e do subdesenvolvimento – num mundo globalizado – não são circunscritos; afetam, pelas interdependências, a todos.

A UNCTAD XI deu ao governo Lula a oportunidade de objetivar sua ênfase própria no tema Sul/Sul, no contexto da aspiração de uma nova geografia comercial. Daí o chamamento para uma nova rodada de negociações do sistema global de preferências comerciais entre os países em desenvolvimento (SGPC), no quadro do acordo da UNCTAD de 1989 como uma iniciativa complementar às negociações de Doha. Daí também, à luz da multiplicação das negociações econômicas regionais, o encorajamento à organização para contribuir na capacitação dos países em desenvolvimento em iniciativas de acordos regionais de comércio, coerentes com o sistema da OMC.

A UNCTAD, com a cúpula de São Paulo, reforçou a importante missão crítico-construtiva que vem exercendo no cenário internacional e reconfirmou o legado da atuação de Rubens Ricúpero.

9

VARIAÇÕES SOBRE A OMC[1]

Participei, em 23 de julho de 2013, em Genebra, a convite de Pascal Lamy, Diretor-Geral da OMC, de uma mesa-redonda integrada por antigos Presidentes do Conselho Geral da Organização. O objetivo da mesa-redonda foi duplo: (i) discutir o recém-publicado e abrangente livro de Craig Van-Grasstek, *The history and future of the World Trade Organization*, que examina a criação e a evolução da OMC desde o início do seu funcionamento em 1995, e (ii) levando em conta o que foi feito até 2013 pela OMC como uma instância de governança do sistema multilateral de comércio, refletir sobre suas perspectivas e seu papel na dinâmica da cooperação internacional na esfera econômica.

Para Lamy foi uma oportunidade de ver tratado, com liberdade, o legado da OMC na antevéspera do término do seu segundo mandato de Diretor-Geral, que exerceu, observo eu, com determinação e competência numa conjuntura internacional difícil. Esta conjuntura contrasta com o clima

---

[1] Variações sobre a OMC, versão ampliada do artigo À espera de Doha, OMC mantém relevância, publicado in *O Estado de S.Paulo*, Espaço Aberto, p. A2, 18/8/2013.

mais favorável à cooperação que caracterizou a fase inicial da OMC, que vivi como embaixador do Brasil em Genebra de 1995 a 1998, e que o livro de Craig VanGrasstek relata. É esta conjuntura difícil de um mundo simultaneamente fragmentado e globalizado que ajuda a explicar as dificuldades que até agora vêm emperrando as negociações da Rodada Doha.

Vale a pena lembrar, neste contexto, que o Diretor-Geral é o mais alto funcionário público na organização, exerce as atribuições de gestão que lhe são conferidas pelos acordos que criaram a OMC e cumpre a função internacional de um terceiro imparcial entre os membros que integram o sistema multilateral de comércio. O Diretor-Geral pode aproximar as partes, pode mediar, pode buscar caminhos de convergência, mas não pode, por si só, equacionar, nas negociações, o desafio diplomático de encontrar interesses comuns e compartilháveis, administrar as desigualdades de poder e lidar com a diversidade das culturas e dos valores.

Deste desafio têm muita consciência aqueles que passaram pela presidência do Conselho Geral, a instância de cúpula da estrutura organizacional da OMC. Com efeito, nas atividades da OMC, seja no dia a dia da gestão dos seus acordos, seja na negociação dos seus aprofundamentos, os países atuam no âmbito dos seus Conselhos e Comitês de maneira muito ativa, porque as matérias que neles são tratadas têm impacto nas suas economias. É por essa razão que a cultura diplomática da Organização realça sempre que ela é conduzida pelos seus membros – é *member driven*. São os Presidentes dos Conselhos e Comitês os diplomatas que lidam com esta cultura diplomática da Organização. Eleitos entre os membros da OMC, por consenso, para um mandato de um ano, levando em conta os princípios de rotação e equilíbrio, devem, para bem exercer o seu papel, ter a capacidade de transcender os interesses específicos do seu país e buscar uma imparcialidade que esteja a serviço dos objetivos comuns da Organização.

Os antigos Presidentes do Conselho Geral foram convidados para participar da mesa-redonda justamente porque tiveram a experiência de lidar, em distintas conjunturas, na alta instância da Organização, com os desafios da OMC. Puderam, assim, trazer sua contribuição para a reflexão sobre o legado e o futuro do sistema multilateral de comércio, que tem vocação para a universalidade, que delibera pela prática do consenso e que hoje é integrado por 158 membros.

Registro, neste texto, dois pontos da minha intervenção. Um dos méritos do livro de Craig é o de ter não apenas realçado o visível sucesso de um inovador sistema jurídico de solução de contenciosos comerciais, mas o de ter apontado o significado político e econômico da expansão do número de seus membros. De 1995 a 2012, 30 novos países se incorporaram à OMC – entre eles a China, a Rússia, a Arábia Saudita, mas também Equador, Cabo Verde, Ucrânia, Vietnã – e 25 países estão negociando o seu processo de acessão. A acessão à OMC não é simples. Envolve a negociação do candidato à acessão com todos os membros da OMC. Esta negociação tem como objetivo harmonizar o seu regime de comércio exterior com as normas da OMC e compatibilizar os seus compromissos tarifários e em matéria de serviços, de maneira conciliável com a dos membros da Organização que participaram de prévias e sucessivas rodadas de negociações multilaterais. Os processos de acessão têm sido uma das mais ativas e constantes áreas de negociação da OMC, e Craig, no seu livro, expõe de maneira pertinente que os ganhos para o sistema multilateral de comércio resultantes

172 DIREITO INTERNACIONAL • Lafer

dos processos de acessão têm uma dimensão comparável ao que resultaria da conclusão da Rodada Doha. Nesse sentido a OMC, apesar dos impasses de Doha, não está parada no campo de relevantes negociações econômicas e graças à dinâmica das acessões mantém de pé a relevância do sistema multilateral de comércio, apesar das forças centrífugas inerentes à proliferação de acordos regionais.

O outro ponto que destaquei na minha intervenção é a singularidade da OMC como uma instituição de governança para a qual o livro de Craig oferece uma pertinente chave de entendimento, que vou articular ao meu modo. A OMC, em contraste, por exemplo, com o FMI, é fruto da concomitante presença das ideias e das ações no plano internacional, não apenas de economistas, mas de juristas e politólogos.

Os economistas têm e tiveram a função de destacar o papel do comércio internacional como caminho do desenvolvimento e de apontar o potencial de ganhos recíprocos, para os países, dos processos de maior liberação dos fluxos econômicos. Este potencial de ganhos recíprocos fundamenta o porquê de o comércio ser um dos caminhos para a paz, como aventado por Montesquieu e Kant.

Os politólogos e os diplomatas que, na prática, lidam com o problema do poder na vida internacional sabem do acerto da tradicional denominação da economia como economia política. Entendem, como observou Simmel, o sociólogo de sutileza analítica, que o mercado é tanto a luta de todos a favor de todos quanto a luta de todos contra todos. É por isso que o problema do poder permeia a vida econômica e é por essa razão que as negociações comerciais envolvem uma dupla negociação: (i) para dentro dos países porque os processos de liberação comercial têm, no plano interno, efeitos redistributivos; e (ii) para fora, pois os interesses de acesso aos mercados são tanto ofensivos quanto defensivos, e passam, na sua variedade, pelos distintos perfis das economias nacionais, de sua escala e competitividade.

Os juristas, por sua vez, têm ciência de que a sociedade e o mercado não operam no vazio. Requerem normas para o seu bom funcionamento. É por essa razão que a OMC, graças à reflexão jurídica, aprofundando a experiência do GATT, criou um sistema multilateral de comércio regido por normas – *rules based*.

É esta convergência multidisciplinar de perspectivas, que leva em conta a complexidade, que faz a OMC uma Organização *sui generis* no plano internacional, com os méritos próprios de uma instituição de governança na esfera econômica de um mundo interdependente. Tem sido capaz de moldar construtivamente a interação dos países e alinhar incentivos cooperativos para ações políticas, sociais e econômicas. É por isso que a OMC é um bem público internacional a ser preservado e consolidado. Para isso certamente contribuirá, pelas suas qualificações, representativas da melhor tradição da diplomacia econômica brasileira e pela sua experiência, domínio dos assuntos e conhecimento da cultura diplomática da Organização, o novo Diretor-Geral da OMC, Embaixador Roberto Azevêdo.

10

COMÉRCIO E FINANÇAS NA ECONOMIA INTERNACIONAL: CONTRASTES E DIFERENÇAS[1]

O comércio e as finanças são os dois pilares da economia globalizada dentro da qual estamos todos inseridos. Têm regimes internacionais distintos (OMC e FMI) que são, no entanto, interdependentes como indica a discussão sobre os desalinhamentos cambiais e seu impacto no comércio exterior. Por conta da amplitude da crise financeira e das dificuldades da negociação da Rodada Doha, inseriu-se também na pauta internacional, com renovada intensidade, o tema do déficit da governança prevalecente na economia mundial. Disso vem se ocupando o G-20.

Na análise dos problemas da governança cabe destacar a diferença de perspectivas que separa o pilar do comércio, do que se incumbe a OMC, e o pilar das finanças, que se insere no âmbito do FMI. É desta diferença de perspectivas e de suas consequências que vou tratar neste texto.

Não obstante as conhecidas dificuldades da negociação de Doha e numa época de crise econômica como a atual, a

---

[1] Comércio e finanças na economia internacional, in *O Estado de S. Paulo*, Espaço Aberto, p. A2, 16/10/2011.

OMC, por ser um sistema multilateral regido por normas, vem evitando o equivalente a um risco sistêmico do comércio internacional que se traduziria num protecionismo exacerbado e generalizado. Estimativas indicam que restrições comerciais afetaram 1% dos fluxos comerciais em 2009 e 0,9% em 2010.

Em contraste, o pilar financeiro está muito frágil desde a crise de 2008, que, a partir dos EUA, se alastrou pelo mundo. Tornou-se ainda mais quebradiço com a crise do euro. Esta incitou a percepção dos riscos trazidos pelos processos de integração dos mercados impelidos por uma alta finança sem apropriada governança. A precariedade do pilar financeiro impacta, ainda que de maneira diferenciada, todas as economias nacionais, pois se internaliza na vida dos países por obra dos processos da globalização que tornam as fronteiras porosas, continuamente transpostas pelos fluxos de capital e pela circulação em rede das informações que, no caso, geram expectativas negativas. Estas, por sua vez, integram a realidade, influenciando os processos e os acontecimentos e trazendo à tona as insuficiências do FMI no trato da questão.

O FMI, assim como o GATT, que antecedeu a OMC, foram concebidos para evitar que se repetissem as crises provocadas na década de 1930 pela grande depressão, que trouxeram guerras cambiais e protecionismos exacerbados, propiciadores de tensões que foram um dos fatores que induziram à Segunda Guerra Mundial. De 1946 a 1971 o FMI teve um papel regulatório, cuja base era a da gestão das paridades cambiais, fixadas pela relação do ouro com o dólar. Esta gestão deixou de existir quando, em 1971, os EUA anunciaram que não mais converteriam em ouro as reservas em dólar ou outras moedas dos demais países.

Com o término das paridades fixas, as moedas passaram a flutuar livremente, umas em relação às outras, e a acumulação ou perda de reservas foi ocorrendo sem a aprovação ou desaprovação do FMI, ainda que com seu acompanhamento. Este acompanhamento, em conjunturas de crises financeiras e, muito especificamente, nas dos países em desenvolvimento, se fez em entrosamento com o sistema financeiro privado transnacional e é parte da história das duras negociações das dívidas dos países latino-americanos. Entre eles as do México, da Argentina e do Brasil.

Uma postura não regulatória e não regida por normas, adepta da flexibilização dos padrões do aceitável e do não aceitável, foi se consolidando no âmbito do pilar financeiro, no contexto ideológico que se seguiu à queda do Muro de Berlim. Basicamente, a ideia a realizar que norteou esta postura foi a da desregulamentação nacional e internacional do pilar financeiro com base na crença do poder e da capacidade autorreguladora dos mercados livres. A autorregulação revelou-se desastrosamente inadequada diante da crise sistêmica induzida pelo próprio funcionamento dos mercados financeiros.

Foi distinta a postura do pilar comercial que adquiriu uma institucionalidade própria com a criação, a partir da Rodada Uruguai, do GATT, da OMC, que passou a ter vigência em 1995. Nem o GATT, que foi uma instituição mais modesta que o FMI, nem a OMC, que tem outra amplitude por conta de sua vocação de universalidade e de abrangência dos assuntos que disciplina, basearam-se na irrestrita desregulamentação do comércio internacional. Com efeito, a concepção de governança do pilar comercial é a de favorecer um processo de liberalização do comércio mundial, regido por normas, porque o mercado não opera no vazio e não se autorregula sem um marco institucional.

Como aponta o *Sutherland Report* de 2005, sobre o futuro da OMC, de cuja elaboração participei, é preciso compreender o papel central das normas da OMC, que são o seu ativo de governança, pois os acordos da Rodada Uruguai não são uma carta constitutiva de um livre comércio sem limites. Foram negociados e concebidos para organizar, de modo funcionalmente eficaz, os méritos do livre comércio que estimula a economia mundial, subordinando-o, no entanto, a princípios e normas. Estas oferecem a segurança e a previsibilidade do acesso a mercados e contêm dispositivos (como os de *dumping* e salvaguardas) que permitem, no âmbito de normas prefixadas, mecanismos de proteção dos mercados nacionais quando estes são afetados por atuações que contrariam as normas acordadas na Rodada Uruguai.

Estes dispositivos refreiam os unilateralismos dos protecionismos nacionais, pois são passíveis de controle por um inovador sistema de solução de controvérsias, acessível a todos os membros da OMC. Deste sistema tem se valido o Brasil com competência, em defesa dos interesses nacionais, como realçou, com grande pertinência o Chanceler Patriota em artigo publicado na página 2 de *O Estado de S.Paulo* em 8/10/2011. É por esta razão que a OMC é, para todos os seus membros, o grande *hedge*, o seguro do pilar do comércio da economia internacional, que contrasta com o quebradiço pilar financeiro.

11

OMC: PRESENÇA E PERSISTÊNCIA[1]

O Brasil sempre considerou relevante para a sua inserção no mundo o sistema multilateral de comércio seja, como é óbvio, na perspectiva dos interesses específicos da economia brasileira, seja também na perspectiva do papel que pode desempenhar na governança da economia mundial que é, por sua vez, parte integrante do legítimo interesse geral do nosso país na dinâmica do funcionamento do sistema internacional. Foi nesta linha que o Brasil foi parte-contratante originária do GATT, participou de suas atividades e teve papel relevante na Rodada Uruguai, que levou à criação da OMC, a primeira organização internacional do mundo pós-Guerra Fria.

A OMC, em contraste com o GATT, tem a vocação da abrangente universalidade de seus membros e ampliou significativamente as matérias do comércio internacional objeto de suas disciplinas, que são regidas por normas, expressão, por sua vez, do adensamento da juridicidade do sistema multilateral de comércio. Cabe à OMC, nos termos

---

[1] OMC – Presença e persistência, versão ampliada do artigo publicado in *O Estado de S.Paulo*, Espaço Aberto, p. A2, 21/12/2014.

OMC: Presença e Persistência **179**

do seu tratado constitutivo, monitorar a implementação dos múltiplos Acordos da Rodada Uruguai e cuidar da gestão do mecanismo de revisão periódica das políticas comerciais de seus membros; supervisionar o seu inédito sistema de solução de controvérsias e ser um foro para novas negociações entre seus membros no que tange às suas relações comerciais multilaterais.

Nosso país, pela qualificada atuação dos quadros do Itamaraty, concorreu para a consolidação institucional da OMC e de suas funções, tem atuado com destaque na defesa dos seus interesses no âmbito do sistema de solução de controvérsias, participou com relevo na elaboração do Mandato de Doha e vem afirmativamente lidando com os empecilhos e tropeços de sua longa e dilemática negociação. Além do mais, está dando uma contribuição à OMC enquanto organização internacional, com a eleição de Roberto Azevêdo como Diretor-Geral, que trouxe para o cargo e seus inúmeros desafios a experiência pessoal e institucional do saber agregado da diplomacia econômica brasileira. À sua perseverança e competência muito deve o Acordo de Facilitação de Comércio adotado na Conferência Ministerial de Bali de dezembro de 2013, cuja possibilidade de vigência se alargou com os entendimentos em 2014 entre os EUA e a Índia, que a ele opunha resistências por conta de suas preocupações com segurança alimentar.

A facilitação comercial entrou na pauta da discussão da OMC na Conferência Ministerial de Cingapura de 1996 e foi explicitamente incluída, em 2004, na Agenda de negociações do mandato de Doha. Robert Zoelick, que foi o representante do Comércio dos EUA, descreveu as contempladas medidas de facilitação do comércio como sendo basicamente uma extensão de procedimentos do acesso a mercados que reduzem custos de transações e promovem um fluxo de trânsito mais ágil. São, por analogia com a experiência da administração pública paulista, algo semelhante ao "poupa tempo". Tem como objetivo conter a incerteza sobre o tempo da liberação aduaneira que gera imprevisibilidade e, por via de consequência, agrega custos, usualmente repassados aos consumidores, além de impactar as cadeias de suprimentos muito presentes numa economia globalizada, o que, por sua vez, adiciona problemas e custos de estocagem na dinâmica do funcionamento de uma economia.

As medidas de facilitação comercial têm como base aprimorar o contemplado nos arts. V, VIII e X do GATT, tal como incorporado na Rodada Uruguai, ou seja, favorecer a liberdade de trânsito através do território nacional de um membro para o transporte de mercadorias originárias de um membro da OMC e destinadas a outros membros da OMC (art. V); limitar os custos e complexidades do processo de importação e exportação (art. VIII); e favorecer, pelo princípio de publicidade, a transparência das normas e disciplinas do comércio exterior dos membros da OMC (art. X).

A facilitação comercial é um grande exemplo da importância do sistema multilateral de comércio, como observou Roberto Azevêdo em discurso de 25 de setembro de 2014, no qual aponta que ele não pode ser substituído por acordos regionais. Com efeito, não faz sentido econômico simplificar procedimentos comerciais na fronteira para alguns países, pois se os membros simplificam para alguns, na prática simplificam para todos, pois não tem lógica ter dois sistemas distintos e paralelos – um *inter se*, mais simples, e outro mais complexo *erga omnes*. Foi por esta razão sistêmica que o Acordo alcançado em Bali foi o ponto de partida para desatar os nós das negociações comerciais multilaterais. Estimativas da OMC indicam que a vigência de um acordo de facilitação poderia reduzir os custos comerciais entre US$ 350 bilhões e US$ 1 trilhão e os da OCDE e do Banco Mundial, que gerarão um aumento de US$ 33 bilhões e US$ 1 trilhão nas exportações globais anuais. São ordens de grandeza que apontam que o pilar das negociações na OMC adquirirá efetiva substância com a vigência do acordo de facilitação do comércio negociado em Bali.

O Brasil respaldou, desde o início, a negociação do Acordo de Facilitação do comércio, foi coproponente dos temas de cooperação aduaneira e o de facilitação do comércio de bens perecíveis e tem tido, na sua postura, o apoio do setor privado. Este vem ressaltando a importância do portal único, que concentrará num único endereço eletrônico os documentos necessários para a exportação ou importação com redução de tempo e custos. A Confederação Nacional da Indústria estima que a implementação de medidas do Acordo, ao ensejar a redução na barreira alfandegária, terá um impacto positivo no PIB, atrairá investimentos, aumentará as correntes de comércio e favorecerá as exportações de manufaturados em 10,3% em dois anos, levando em conta que a burocracia penaliza especialmente setores como têxtil, petróleo, químicos, metais, veículos e máquinas. Nada mais significativo para o nosso país, que enfrenta dificuldades na balança comercial neste momento atual. Daí o significado da presença e a relevância da pertinência da OMC para a inserção internacional do Brasil, independentemente da pauta dos acordos regionais de comércio e de seus problemas e desafios para o nosso país.

Permito-me concluir com considerações sobre a maneira de conduzir a política brasileira de comércio internacional. Tenho dito, à luz da minha experiência como empresário, Embaixador em Genebra, Ministro do Desenvolvimento e Chanceler, que a diplomacia do comércio internacional é uma diplomacia do concreto, não equacionável apropriadamente por formulações abstratas. Requer muitos mapas de conhecimento do concreto, como é o caso do Acordo de Facilitação do Comércio, e a capacidade de integrá-los. Isso pressupõe prestigiar a competência dos nossos diplomatas, reconhecer a vantagem comparativa representada pela memória acumulada no Itamaraty dos antecedentes que nortearam a ação da diplomacia econômica brasileira, levar em conta o papel e a informação proveniente das competências do Ministério do Desenvolvimento em matéria de comércio exterior e ter uma permanente abertura em relação ao setor privado, que possui um conhecimento único do concreto das dificuldades e oportunidades do comércio internacional. Pressupõe, igualmente, o estudo e a pesquisa acadêmica dos múltiplos temas necessários para a elaboração dos mapas de conhecimento do comércio internacional contemporâneo.

Foi por isso que saudei, em 5 de dezembro de 2014, o início das atividades da Cátedra da OMC, confiada pela instituição à profª Vera Thorstensen e sediada na Fundação Getulio Vargas, que, graças à sua atuação, fez do seu Centro de Comércio Global e Investimentos o mais denso *think tank* do nosso país sobre os problemas do comércio internacional e do sistema multilateral de comércio. Os muitos Grupos de Trabalho da Cátedra, que tratarão, *inter alia*, da Agricultura e Segurança Alimentar; de Barreiras Regulatórias como normas técnicas, medidas fitossanitárias, padrões privados; de cadeias globais de valor, da inter-relação entre comércio, câmbio e finanças vão gerar novos mapas de conhecimento e novas métricas que propiciarão relevantes subsídios informativos para a diplomacia do comércio internacional do Brasil e da sua governança, permitindo que o nosso país seja capaz de ter, neste campo, um sentido de direção no mundo complexo e fragmentado em que estamos inseridos.

PARTE III

Direito Internacional Privado

12

SOBRE O PERCURSO, NO DIREITO INTERNACIONAL PRIVADO, DO PROF. JACOB DOLINGER[1]

O prof. Jacob Dolinger é uma das figuras eminentes do Direito Internacional Privado no Brasil. A sua obra obteve reconhecimento nacional e internacional e o mesmo ocorreu com a sua atividade docente. Esta não se circunscreveu à UERJ – Universidade Estadual do Rio de Janeiro – na qual estudou, doutorou-se, fez a sua livre-docência e foi um ativo professor titular do curso de bacharelado até ser alcançado pela aposentadoria compulsória. Com efeito, no correr dos anos, atuou e vem atuando como professor-visitante em várias universidades dos Estados Unidos e de Israel. Em 2000 deu um grande curso na Academia de Direito Internacional de Haia – ponto de referência de qualidade da importância de um internacionalista – e continua ativo na sua missão pedagógica. Disso é um exemplo o curso de pós-graduação sobre Direito Comparado que, por iniciativa do prof. Paulo Borba Casella, ministrou com grande sucesso no primeiro semestre de 2009 na Faculdade de Direito da USP.

---

[1] Prefácio ao livro de Jacob Dolinger, *Direito e amor e outros temas*, Rio de Janeiro, Renovar, 2009, p. VII-XIV.

Este livro, que tenho a satisfação de prefaciar, reúne um significativo conjunto de seus estudos e conferências esparsos em diversas publicações, que são uma expressão dos temas recorrentes do seu percurso de estudioso. O livro abre-se com a aula inaugural do ano letivo de 1994 da Faculdade de Direito da UERJ – Direito e Amor – que dá o título deste livro e subdivide-se em vários blocos: Temas Dolorosos, Direito Internacional Privado, Ordem Pública Internacional, Direito Judaico, Arbitragem, Meus Mestres, Código Civil Brasileiro, A Educação no Brasil.

Uma das características do Direito Internacional Privado é o diálogo entre, de um lado a abordagem técnica das suas regras de conexão – que ligam uma relação jurídica possuidora de um elemento internacional a um determinado sistema legal – e, de outro, princípios de caráter mais geral como os da ordem pública, da fraude à lei, norteados por valores inspirados em critérios éticos que modulam as soluções oferecidas pelas regras. É o que aponta o prof. Jacob Dolinger no seu recente *Contratos e obrigações em Direito Internacional Privado* (Rio de Janeiro, Renovar, 2007, p. 2), no qual retoma e desenvolve as ideias expostas no seu curso de Haia. É por conta desse diálogo que, frequentemente, os estudiosos do Direito Internacional Privado vão além da abordagem técnica, param para pensar os princípios e se dedicam a temas da Filosofia do Direito. É o caso, por exemplo, de Battifol e de Werner Goldschmidt, autor que o prof. Jacob Dolinger cita com frequência neste livro e que, além de ter sido um grande estudioso do Direito Internacional Privado, deu uma significativa contribuição à Filosofia do Direito com a sua concepção trialista que tem as suas afinidades com o tridimensionalismo jurídico de Miguel Reale. É nesta linhagem de jusprivatistas com preocupações filosóficas e éticas que

Sobre o Percurso, no Direito Internacional Privado, do prof. Jacob Dolinger **189**

se insere a obra do prof. Dolinger e este livro, pois o grande domínio na abordagem técnica da matéria se vê sempre enriquecido por uma análise do papel do Direito na vida social e política. Este papel, no caso do Direito Internacional Privado, cresce de importância pois a globalização propicia a internacionalização das relações jurídicas, por via de consequência o contínuo inter-relacionamento dos ordenamentos jurídicos e, por isso mesmo, a recorrente discussão da lei aplicável. A jurisprudência é muito esclarecedora do concreto da diversidade dos problemas e das situações propiciadas pela interação de múltiplos ordenamentos e dela se vale, com muita pertinência, o prof. Jacob Dolinger, na análise dos seus temas.

A aula sobre Direito e Amor, que abre este livro, tem como núcleo, nas suas múltiplas vertentes, uma erudita reflexão sobre o mandamento bíblico de amar ao próximo como a si mesmo. Goffredo Telles Jr., nas suas aulas de Introdução, ao tratar do Direito como a disciplina da convivência humana, vê neste mandamento o princípio de base da ordem jurídica, pois é o elo tácito da comunhão humana, realçando que o amor ao próximo sustenta o respeito ao próximo (Goffredo Telles Jr., *Iniciação na ciência do direito*, São Paulo, Saraiva, 2001, p. 382-384).

Nesta linha, afirma o prof. Jacob Dolinger: é o Amor que ordena ao homem a compreensão pelo semelhante, a empatia pelo vizinho, a tolerância para com o estranho. Isso requer compreensão e conhecimento que, no campo dos estudos jurídicos, passam pela dedicação ao Direito Comparado. Como lembra Mario Losano no prefácio à edição brasileira do seu *Os grandes sistemas jurídicos,* já Clovis Bevilacqua ensinava que o Direito Comparado tem uma função propedêutica na organização de um conhecimento, relevante para a prática do Direito Internacional Privado (cf. Mario Losano, *Os grandes sistemas jurídicos*, São Paulo, Martins Fontes, 2007, p. XXVI-XXVII). Este, lidando com a aplicação do direito estrangeiro, na visão do prof. Jacob Dolinger, é sempre uma abertura para com o diferente, a ser compreendido, na lição de Savigny, no âmbito da comunidade jurídica dos povos. O viver, como um bem conviver, que ata o Direito ao Amor, é fio condutor dos ensaios deste livro.

O bloco dos temas dolorosos reúne estudos que examinam graves questões nas quais a inexistência do amor ao próximo gerou tragédias que enlutaram e envergonharam a humanidade. Entre os estudos cabe destacar, no trato do crime de genocídio, a análise do primeiro genocídio do século XX: o dos armênios. No seu texto, o prof. Jacob Dolinger aponta as responsabilidades da Turquia, indica as razões políticas que cercam até hoje, passado quase um século, o silêncio jurídico em torno desta "pioneira" e inaceitável recusa, em larga escala, da pluralidade e diversidade da condição humana. Por isso reivindica a importância do direito à verdade, que é uma das vertentes contemporâneas da agenda dos Direitos Humanos. Há estudos sobre o "revisionismo" histórico do nazismo denegador do holocausto judaico, sobre Jean Claude Duvalier como *hostis humani generi* e sobre o terrorismo.

Há também um texto que advoga uma avaliação crítica do papel da ONU em relação ao terrorismo, com ênfase no trato do terrorismo palestino em relação a Israel e que contém uma dura apreciação do Parecer Consultivo de 2004 da Corte Internacional de Justiça sobre a construção do muro que separa Israel do território palestino. Neste texto, o prof. Jacob Dolinger discorda da minha leitura do papel da

ONU e de Kofi Annan. Não é este o momento de retomar a discussão por ele travada em alto nível. Diria apenas que a perspectiva do prof. Jacob Dolinger – na qual está muito presente a sensibilidade israelense nesta matéria – advém de sua frustração de jurista perante uma ONU que não desempenha o papel jurídico em prol da paz: o de um terceiro independente e imparcial acima das partes. Nela vê o terceiro "semeador da discórdia", que é um dos papéis que o terceiro pode exercer na vida política. Na minha leitura, que é a de um estudioso não só do Direito Internacional, mas das Relações Internacionais, tenho clareza quanto às limitações da ONU, enquanto um terceiro interpartes. Ela é juridicamente uma instância institucional de interposição entre os Estados, politicamente impactada pela pluridimensionalidade dos conflitos que se expressam no seu processo decisório, por meio das maiorias da Assembleia Geral e do jogo de poder dos membros permanentes do Conselho de Segurança. Apesar dessas limitações e das tensões que dela derivam entre as normas e a prática na vida da ONU, que provêm, como diria Bobbio, da ausência de um *tertius super partes* que seja um *tertius juxta partes* (cf. Norberto Bobbio, *Il terzo assente*, Milano, Ed. Sonda, 1989), identifico na ONU, lastreado na minha própria experiência diplomática, um terceiro interpartes, com relevantes serviços prestados à causa do multilateralismo e à contenção do unilateralismo, que vem servindo à paz que, no mundo contemporâneo, é sempre uma precária vitória da razão política. Nunca é demais lembrar, no contexto das preocupações do prof. Jacob Dolinger, que a legalidade e a legitimidade da existência do Estado de Israel no sistema internacional têm a sua base numa resolução da ONU (cf. Alexander Yacobson e Amnon Rubinstein, *Israel and the Family of Nations*, London, Routledge, 2009).

192 DIREITO INTERNACIONAL • Lafer

O bloco de trabalhos enfeixados sob a rubrica Direito Internacional Privado tem o mérito de sintetizar a visão do prof. Jacob Dolinger sobre a sua disciplina que é inspirada pelo Amor que norteia a compreensão e a empatia pelo vizinho e pelo estranho. Destaco a importância por ele atribuída ao princípio da proximidade – que julga as relações jurídicas à luz do sistema legal com o qual tem a conexão mais íntima – como a bússola para a escolha da lei aplicável às situações transnacionais que tem o mérito de propiciar a aproximação entre os povos, facilitando as relações jurídicas e as transações civis e comerciais que criam condições para a paz. No trato do Direito Internacional Privado, o prof. Jacob Dolinger explica que a sua dinâmica é dada pela interação entre as regras de conexão – as pedras brancas do xadrez jurídico do Direito Internacional Privado – e os grandes princípios de disciplina, como o reenvio, a ordem pública, a qualificação, a fraude à lei – que são as pedras pretas. Vê nestes princípios, dados pelas pedras pretas, não um freio provinciano, neutralizador das regras de conexão, mas baseado no conceito de proximidade a busca da melhor solução, tendo em vista, com espírito de tolerância, a aproximação entre os povos do mundo.

Uma visão do Direito Internacional Privado, inspirada pelo reconhecimento da dignidade da diferença, orienta a postura do prof. Jacob Dolinger perante normas jurídicas diferentes e até estranhas às nossas. É com esta perspectiva que passa em revista a jurisprudência e as questões suscitadas pelo Direito Internacional Privado brasileiro, detectando tendências unilateralistas e provincianas. É com este espírito que estuda, em profundidade, num dos mais importantes textos deste bloco, a decadência do Direito Internacional Privado norte-americano. Esta decadência resulta na acurada avaliação do prof. Jacob Dolinger da passagem do tradicional Direito Internacional Privado norte-americano, baseado na abertura e no respeito pelas normas internacionais e pelos acordos internacionais, para uma nova postura. Esta se traduz na jurisprudência mais recente da Suprema Corte dos EUA, por ele examinada, que se caracteriza por estar "voltada para dentro do direito interno, procurando sempre que possível, evitar o cumprimento de convenções internacionais, recorrendo a análises semânticas e interpretações linguísticas das convenções a fim de atender a sua visão unilateralista".

O bloco dos estudos subsequentes trata de um dos mais conhecidos princípios do Direito Internacional Privado – a pedra preta da ordem pública. A função tradicional do princípio da ordem pública é a de afastar a aplicação da norma estrangeira, quando ofensiva aos princípios básicos da ordem jurídica do foro, não obstante a indicação da sua aplicabilidade pelas pedras brancas das regras de conexão. Na análise desta interação entre as pedras brancas e as pretas, o prof. Jacob Dolinger com a amplitude da sua visão da disciplina versa o princípio de maneira mais abrangente, levando em conta a existência de uma ordem pública da comunidade internacional que ultrapassa o domínio das jurisdições nacionais. Daí a sua incursão pelo Direito Internacional Público e as referências às aspirações normativas do sistema internacional no campo dos Direitos Humanos e do Direito Penal Internacional como também aos temas suscitados pelas relações econômicas internacionais em matéria de ordem mundial. É neste contexto abrangente que discute a validade da *comitas* judicial no diálogo entre Tribunais de distintos países no trato da ordem pública dos distintos foros nacionais. O exame de largo alcance dos diversos patamares do princípio da ordem pública se vê complementado pelos problemas bem concretos de casamentos homossexuais e poligâmicos, com as devidas referências aos direitos estrangeiros e ao brasileiro.

O bloco subsequente se insere no campo do Direito Comparado. Reúne estudos dedicados ao direito judaico. São o fruto do amor do prof. Jacob Dolinger à tradição judaica, da qual é não só um devoto, mas um profundo conhecedor, com grande domínio de suas fontes. Destaco a análise que faz dos direitos humanos nas fontes essenciais do judaísmo, examinando, *inter alia*, temas como igualdade perante à lei, liberdade de consciência, liberdade de expressão, tolerância religiosa, tratamento de escravos, tratamento de estrangeiros, direito à privacidade, direitos do trabalhador, direito de propriedade. Destaco, igualmente, o estudo sobre a arbitragem, a avaliação que faz de escopo abrangente e não provinciano da ética judaica e de como a intolerância racial e religiosa não se coaduna com a visão teológica judaica da igualdade de todos os seres humanos, criados à imagem de Deus, com barro colhido de todos os cantos da Terra. Este bloco de estudos comporta um paralelo com o grande curso dado na Academia de Haia em 1976, pelo eminente internacionalista francês Prosper Weil, do qual existe edição brasileira, prefaciada por Celso de Albuquerque Mello, intitulada *O Direito Internacional no pensamento judaico* (São Paulo, Perspectiva, 1985).

A este bloco se segue um importante estudo dedicado a considerações éticas sobre o árbitro da parte. É usual, numa controvérsia, que as partes indiquem, cada uma, um árbitro para compor um tribunal arbitral. Esta indicação tem como objetivo gerar confiança na solução arbitral e, por isso, numa controvérsia internacional, com frequência os árbitros das partes têm as suas respectivas nacionalidades. A possibilidade da indicação de um juiz *ad hoc* nos julgamentos da Corte Internacional de Justiça é tributária da prática de arbitragem, pois visa assegurar seja a presença de um nacional, quando uma das partes de uma controvérsia não tem um membro participando da composição da Corte, seja a presença de juízes de nacionalidade das partes quando nenhuma delas tem nacionais integrando a Corte (Estatuto da Corte Internacional de Justiça, art. 31). No seu estudo o prof. Jacob Dolinger discute o embate entre a expectativa implícita ou explícita das partes que o seu árbitro contribuirá para defender a sua causa e favorecer a sua tese e a ética da arbitragem que postula que os árbitros – todos os árbitros, inclusive o das partes – na procura da justiça, julguem com independência e imparcialidade. O prof. Jacob Dolinger passa em revista a moderna literatura sobre a arbitragem e os requisitos éticos de independência e imparcialidade, por ele endossados plenamente.

Na discussão do tema da postura do árbitro vale a pena lembrar um antecedente brasileiro fruto de análise durante o Império, na seção de negócios estrangeiros no Conselho do Estado. Por força do Tratado de 1871, celebrado entre a Grã-Bretanha e os Estados Unidos, coube ao Brasil indicar um dos cinco árbitros que subsequentemente, em Genebra, examinaram e decidiram em 1872 as reclamações pendentes entre os dois países, fruto da guerra civil norte-americana. Refiro-me ao famoso caso Alabama, que foi um marco da arbitragem internacional da qual participou, por indicação de D. Pedro II, o Visconde de Itajubá (cf. Herbert W. Briggs, *The Law of Nations – cases, documents and notes*, 2ª ed., N. York, Appleton Century-Crofts, 1952, p. 1026-1030). Os procedimentos do caso Alabama se viram basicamente confirmados pela prática internacional posterior e foram subsequentemente codificados na primeira (1899) e na segunda (1907) Conferência da Paz de Haia. Nos preparativos para a indicação do árbitro brasileiro a seção de negócios estrangeiros do Conselho de Estado foi suscitada, com o objetivo de formular as instruções a serem dadas a ele. O parecer majoritário de 4 de novembro de 1871 dado por Nabuco de Araújo e pelo Barão de Três Barras dá o devido destaque aos princípios da neutralidade prevista no Tratado, a liberdade e a consciência do árbitro na apreciação dos fatos e circunstâncias. Pondera, no entanto, que o árbitro brasileiro deverá dar atenção a fatos análogos sobre navios confederados, objeto de discussão diplomática na Corte e de *memorandum* da Secretaria de Estado e às regras consagradas nas Circulares do Governo Imperial não incompatíveis com as regras do art. 6º do Tratado de 1871. Em síntese, e com os devidos cuidados, o parecer indica que o árbitro brasileiro deveria ter em mente, no julgamento, os interesses nacionais. O voto minoritário da mesma data do Conselheiro Carneiro de Campos é exemplar na afirmação da imparcialidade, neutralidade e independência de um árbitro. Cito alguns trechos que estão alinhados com o texto do prof. Jacob Dolinger sobre a matéria: "Um árbitro é um juiz e, como tal deve decidir as questões segundo for de justiça, independente de considerações, em favor de alguma das partes." "Que importa ao árbitro (que só deve decidir com justiça, alheio a prevenções) que um terceiro tenha questões idênticas às de alguns dos litigantes de que é ele juiz?" "O seu dever é decidir com justiça, seja isso contra quem for." Por isso dizia o Conselheiro Carneiro de Campos, a pouca coisa deveriam se reduzir as instruções ao árbitro brasileiro (cf. *O Conselho de Estado e a política externa do Império*: Consultas da Seção de Negócios Estrangeiros – 1871-1874, Centro de História e

Documentação Diplomática, Rio de Janeiro, CHDD, Brasília, FUNAG, 2009, p. 103-106).

O bloco subsequente tem a rubrica de Meus Mestres. Há dois textos dedicados a Elie Wiesel, que fez do seu testemunho judaico da experiência e da sobrevivência do campo de concentração nazista uma missão de alcance geral em prol da paz, do entendimento e dos direitos humanos, de todos os povos da Terra. Estes textos são um exemplo do elo entre Direito e Amor que o prof. Jacob Dolinger articulou na sua aula inaugural que abre este livro. Há estudos sobre os seus mestres e parceiros no ofício do ensino e do magistério do Direito Internacional Privado: Oscar Tenório, Clovis Paulo da Rocha, Geraldo Eulálio do Nascimento e Silva, Haroldo Valladão. Entendo que estes estudos do prof. Jacob Dolinger dedicados aos seus Mestres são uma manifestação do respeito judaico ao comando bíblico do lembrar *Zakhor* – que reverbera no Deuteronômio (32,7) e nos Profetas (Isaias 44, 21).

O fecho do livro contém, como cabe a um professor, estudos sobre a educação, sendo um deles uma saudação a Darcy Ribeiro, uma homenagem a D. Pedro II, que instou os juristas a equiparar nacionais e estrangeiros, que teve o seu reflexo no art. 3º do Código Civil de 1916 e uma discussão, em 2002, dos 40 anos do Estatuto da Mulher Casada de 1962.

Gostaria de concluir este prefácio, que é uma amiga homenagem ao prof. Jacob Dolinger, com uma referência à tradição judaica, da qual ele é conhecedor e devoto. Para o judaísmo a criação não é algo acabado. A obra de Deus – dizem os rabinos – necessita de aperfeiçoamento – de um *tikkun* – que cabe aos homens realizar. Todo ser humano é assim concebido como um parceiro de Deus, responsável pela continuidade da obra da criação. O *tikkun* – o aperfeiçoa-

198 DIREITO INTERNACIONAL • Lafer

mento, lembra Prosper Weil na obra acima citada – não está ligado a uma crença, mas sim a uma ética (cf. Prosper Weil, *O Direito Internacional no pensamento judaico*, cit., p. 79-80). Este livro, assim como o percurso do prof. Jacob Dolinger, são uma expressão de um *tikkun*. Alargam os horizontes da vida jurídica, contribuindo para o aperfeiçoamento da convivência humana por meio de uma visão do direito lastreada na Ética e inspirada pelo amor ao próximo.

13

CONTROLE DE CONSTITUCIONALIDADE DA LEI ESTRANGEIRA[1]

Gustavo Monaco é um dos jovens e altamente qualificados docentes do Departamento de Direito Internacional e Comparado da Faculdade de Direito da USP. Preparou-se para o ensino e a pesquisa com zelo e seriedade, do que dou testemunho, pois foi meu excelente aluno de pós-graduação na Faculdade de Direito da USP, tanto no campo da Filosofia do Direito quanto no das Relações Internacionais. Fez o seu mestrado em Coimbra, orientado pelo prof. Rui Manuel de Moura Ramos, um dos reconhecidos expoentes do Direito Internacional Privado, e o seu doutorado na Faculdade de Direito da USP, orientado pelo prof. João Grandino Rodas, igualmente um dos grandes expoentes da matéria.

A tese de doutoramento de Gustavo Monaco, recém-publicada pela Quartier Latin, tratou, com rigor e precisão, da Guarda Internacional de Crianças, tema de grande atualidade, com impacto na vida brasileira. *Controle de constitucionalidade da lei estrangeira* (São Paulo, Quartier Latin, inverno de 2013,

---

[1] Prefácio ao livro de Gustavo Monaco, *Controle de constitucionalidade da lei estrangeira*, São Paulo, Quartier Latin, inverno de 2013, p. 13-19.

p. 13-19), que tenho o prazer de prefaciar, tem origem na sua tese de livre-docência defendida na Faculdade de Direito da USP com brio e pertinência em janeiro de 2013, perante Banca Examinadora que tive a satisfação de integrar. Tem, como o seu doutorado e outros trabalhos anteriores, as já mencionadas características de rigor e precisão. Deles se diferencia por uma maior ambição teórica no trato e reflexão dos desafios do Direito Internacional Privado. É, assim, a articulada expressão do amadurecimento intelectual do seu percurso acadêmico e profissional, elaborado com pleno domínio dos assuntos versados. Lida com uma das tarefas do que Bobbio considera como parte integrante da Filosofia do Direito dos juristas que, no meu entender, é o de um parar para pensar e enfrentar problemas jurídicos que não encontram encaminhamento satisfatório no estrito âmbito do Direito Positivo.

Com efeito, *Controle da Constitucionalidade da lei estrangeira* resulta de um parar para pensar um recorrente e básico problema do Direito Internacional Privado, que é o dos limites da aplicação da lei estrangeira em lides plurilocalizadas, que vêm crescendo de importância num mundo globalizado e interdependente. Tem como propósito, ao discutir as insuficiências dos tradicionais caminhos do Direito Internacional Privado no trato da matéria, como os contemplados nas normas de aplicação imediata e da ordem pública, arguir a importância de se incluir o controle da constitucionalidade da lei estrangeira como uma baliza da sua aplicação, ou não, pelo juiz nacional. A função jurídica deste controle da constitucionalidade proposto por Gustavo Monaco neste livro é a de dotar de maior estabilidade a relação jurídica com elementos estrangeiros, ampliando, assim, a segurança do direito, um dos valores importantes da ordem jurídica de um estado democrático de direito.

No desenvolvimento do seu livro, Gustavo Monaco traz uma contribuição própria tanto para o papel do Direito Internacional Privado na dinâmica das relações internacionais quanto para o tema da coerência de um ordenamento jurídico, que permeia a reflexão da Teoria Geral do Direito. É sobre a complementaridade destas duas contribuições e sua relevância que quero, explicitando, chamar a atenção do leitor neste prefácio.

O Direito Internacional Privado, numa visão abrangente, pode ser concebido como o direito das relações entre distintas ordens jurídicas nacionais, como observa Didier Bodin em contribuição ao volume 49, de 2006, dos *Archives de Philosophie du Droit* dedicado ao pluralismo jurídico, de que se vale muitas vezes Gustavo Monaco no correr do seu livro. Este relacionamento requer uma governança, como observa Gustavo Monaco, o que, por sua vez, tem certos pressupostos. O primeiro deles é o de aceitar a possibilidade da aplicação, no foro nacional, de normas estrangeiras emanadas ou reconhecidas por outras soberanias. Isso, por sua vez, requer uma concepção do Estado e da soberania que não parta do solipsismo de que toda e qualquer ordem jurídica provém exclusivamente da vontade soberana de um Estado. Não pode prescindir, para valer-me de reflexão de Kelsen, de uma visão de mundo reconhecedora da válida existência de outras soberanias e de uma abertura e propensão para o conhecimento do "diferente", inerente a normas jurídicas estrangeiras.

A dinâmica da governança entre distintos ordenamentos jurídicos se coloca, no plano das relações internacionais, sob o signo da cooperação, que, no caso do Brasil, tem lastro constitucional e pode ser fundamentada, como indica Gustavo Monaco, com base no art. 4º da Constituição

Federal, que, ao tratar dos princípios que regem as relações internacionais do nosso país, enuncia, no inciso IX, o da "cooperação entre os povos para o progresso da humanidade". Com efeito, o ir além do territorialismo da ordem jurídica nacional, abrindo-se para um construtivo e recíproco relacionamento entre distintas ordens jurídicas nacionais, favorece a cooperação entre os povos. Enseja encontrar melhores caminhos para a resolução, num mundo interdependente, de lides plurilocalizadas, conferindo preferência ao princípio da proximidade, vale dizer, ao sistema jurídico mais próximo da relação jurídica, dando, assim, satisfação às exigências da vida interindividual e permitindo, desse modo, que a circulação jurídica transnacional possa se dar sem desnecessários empecilhos de monta.

A abertura e a propensão para o conhecimento do direito estrangeiro, que se dão sob o signo da cooperação no âmbito do Direito Internacional Privado, passam pela dicotomia tolerância/intolerância, como aponta com muita propriedade Gustavo Monaco, valendo-se das reflexões de Ricoeur e de Walzer. Com efeito, como aponta Bobbio, lidar com o diferente e buscar a convivência com respeito pelo Outro são razões em prol da tolerância, o que, no caso específico do Direito Internacional Privado, se traduz no reconhecimento do direito de conviver dos distintos ordenamentos jurídicos nacionais e dos seus processos de interação no espaço mundial. Este reconhecimento do igual direito de conviver tem lastro constitucional no princípio da igualdade dos Estados, enunciado no inciso V do art. 4º da Constituição Federal.

A convivência pacífica, baseada na igualdade e não na imposição, que a tolerância enseja tem, como explica Bobbio, fundamento na reciprocidade. É a reciprocidade que propicia o *modus vivendi* da governança do Direito Internacional Privado, abrindo espaço para a tolerância em relação ao diferente das normas estrangeiras e da sua aplicação no foro local. É por isso que os estudiosos do Direito Internacional Privado referem-se a *comitas gentium* inerente à dinâmica da disciplina, justificando-a à luz da reciprocidade que aponta para um processo de interação que envolve a complementaridade e a troca.

A reciprocidade é tanto um princípio explicativo quanto um princípio normativo e tem um papel fundamental no estímulo à cooperação, como realça Virally. No caso do Direito Internacional Privado contribui para esclarecer o papel da tolerância ao dar lastro, na sua governança interestatal, a uma reciprocidade por equivalência, abrindo espaço para o recíproco reconhecimento de outros ordenamentos jurídicos e aos valores neles positivados, que não são idênticos aos da lei de foro.

A tolerância é um valor e, como explica Miguel Reale, são características do valor a bipolaridade e a sua dialética de mútua implicação, o que quer dizer, para a análise da matéria ora em exame, que o sentido do valor tolerância pode ser apreciado pelo seu oposto, ou seja, pela intolerância, e que os dois termos convivem numa dialética de mútua implicação e complementaridade. É por essa razão que tolerância/intolerância configura-se como uma dicotomia útil como ponto de partida para observar e avaliar diferenças e dissimilitudes. Existem dicotomias que tornam absolutas as diferenças, porém existem dicotomias que permanecem como afirmação ou negação, podendo ser concebidas, na sua complementaridade, como um contínuo esclarecedor da complexidade. É o que se verifica no âmbito do Direito Internacional Privado, posto que, na sua prática, ora ocorre tolerância e aceitação do direito estrangeiro na resolução da lide plurilocalizada, ora ocorre sua recusa. A recusa é a expressão de uma intolerância jurídica que tem o seu fundamento na percepção de que tal ou qual norma estrangeira compromete o equilíbrio do viver em comum de uma coletividade nacional tal como articulado no seu ordenamento jurídico. É o que explica Gustavo Monaco, lastreado na reflexão de Ricoeur e de Bobbio, apontando que a recusa configura uma situação que encerra o espaço da reciprocidade. É neste contexto que se colocam os problemas jurídicos dos limites à aplicação da lei estrangeira no foro nacional, tema clássico dos conceitos e métodos do Direito Internacional Privado.

Não são simples, na perspectiva da certeza do Direito, os problemas provenientes da aplicação dos conceitos e métodos do Direito Internacional Privado. Este, com efeito, está permeado por noções de conteúdo variável e a própria disciplina é uma noção e uma matéria de conteúdo variável, como expôs François Rigaux na sua contribuição ao volume *Les Notions a contenu variabale*, organizado por Chaim Perelman e Raymond Vander Elst e publicado em 1984. É variável, por exemplo, o conceito de nacionalidade, que é um dos mais usuais elementos de conexão, como é variável o conteúdo das normas de ordem pública, como expõe Gustavo Monaco no seu livro.

Rigaux argumenta, no seu texto, que a variabilidade enseja a permeabilidade, que, por sua vez, é indispensável à elaboração de soluções provenientes de pedaços emprestados de muitos sistemas jurídicos. Por isso, propôs como imagem de representação plástica do Direito Internacional Privado um móbile de A. Calder, que sugere uma harmonia feita pelo equilíbrio de formas em perpétuo movimento. Rigaux pondera, no entanto, que existe um limite para o papel desta imagem, que é o da inexistência de um teto único em que se possa pendurar o móbile.

Recorro a esta formulação de Rigaux porque considero que, na substância, a proposta de Gustavo Monaco, de um controle de constitucionalidade da lei estrangeira, pacienciosamente elaborado no seu livro, é um esforço de construir este teto, inspirado pela Teoria Geral do Direito, em especial pelo conceito de ordenamento com suas dimensões de unidade, sistematização e hierarquia, que caracterizam a lógica da pirâmide escalonada de normas, de que falava Kelsen.

O conceito de ordenamento resultou da percepção dos jusfilósofos, no século XX, de que a juridicidade em sistemas jurídicos complexos não é identificável nem pela análise das características e dos tipos de normas na sua singularidade, nem pelo exame do seu conteúdo, muito mutável em função do papel da gestão que o Direito desempenha nas sociedades contemporâneas. Daí a importância da categoria da validade. É o juízo sobre a validade de uma norma no âmbito de um ordenamento que permite distinguir o que é Direito daquilo que não é Direito, que é um juízo aferível por normas de reconhecimento. Estas, no âmbito de um ordenamento, estipulam as condições e os procedimentos mediante os quais normas são validamente criadas e aplicadas.

A compreensão de que o Direito é um ordenamento composto de várias normas coloca o tema de como as diversas normas que o integram se inter-relacionam, entre elas as que ensejam a aplicação em lides plurilocalizadas de normas oriundas de um ordenamento que não é o ordenamento nacional. No trato do inter-relacionamento de normas no

206 DIREITO INTERNACIONAL • Lafer

âmbito da estrutura do ordenamento existem vários tipos de problemas que Norberto Bobbio examinou na sua *Teoria do Ordenamento*, que é um livro de inspiração kelseniana, que antecipou caminhos propostos por Hart, e que tem o mérito de ser uma reflexão que leva em conta os desafios inerentes à experiência jurídica. Explica Bobbio que existem vários elementos que configuram um ordenamento e que são um desdobramento da imbricação Direito/Estado no mundo contemporâneo. Entre estes elementos estão, como apontei, a hierarquia das normas, a unidade do ordenamento e a sua sistematicidade.

A unidade do ordenamento explica por que se mantém uno e retém a sua identidade apesar da dinâmica da mudança de suas normas. Nos ordenamentos jurídicos contemporâneos as fontes do Direito são as por ele reconhecidas, inclusive as que delegam a aplicação da lei estrangeira em lides plurilocalizadas pelas normas e métodos do Direito Internacional Privado.

As normas de um ordenamento não estão todas no mesmo plano, pois há normas superiores e inferiores. Daí o conceito hierárquico da pirâmide escalonada de normas e a convergência entre a pirâmide do poder e a pirâmide normativa que explicitam uma visão arquitetônica do Direito dotada de hierarquia e unidade. É a hierarquia do escalonamento da pirâmide normativa que propicia a unidade do ordenamento. Esta é a função do controle da constitucionalidade num estado democrático de direito que delimita, com base no que estipula a lei maior da Constituição, tanto o espaço da criação de normas pelo processo legislativo quanto o da aplicação de normas pelas instâncias judiciárias. Esta delimitação, por sua vez, obedece a uma unidade sistemática, vale dizer, como observa Bobbio, a um critério epistemológico que confere uma certa ordem ao conjunto de normas que compõem um ordenamento e que têm como objetivo a coerência, ou seja, a preocupação de evitar a existência de normas incompatíveis.

A coerência do ordenamento é a preocupação recorrente que permeia este livro de Gustavo Monaco, que tem muita consciência, como estudioso e conhecedor do Direito Internacional Privado, de que ela não poderá emergir da subjetividade do julgador que se confronta com a dificuldade de delimitar objetivamente as normas de aplicação imediata e o conteúdo do princípio da ordem pública. Daí a sua proposta do controle da constitucionalidade, que se baseia na ideia a realizar de que um ordenamento jurídico preserva a sua coerência interna em razão do escalonamento hierárquico entre as normas que o compõem e na supremacia que a Constituição assume neste contexto. Daí a importância que atribui ao controle da adequação constitucional das normas jurídicas que são aplicadas na lei do foro, inclusive as que ensejam um espaço para a lei estrangeira em lides plurilocalizadas. É deste modo que propõe um teto para o móbile calderiano do Direito Internacional Privado.

Na construção dos andaimes que sustentam este teto, Gustavo Monaco examina com muito zelo as diversas modalidades possíveis do controle intrínseco e extrínseco da lei estrangeira como o caminho para a aferição das hipóteses, a serem verificadas em cada caso concreto, de quando cabe tolerância e quando não cabe tolerância em relação à recepção de normas oriundas de um ordenamento que não é o da lei do foro, para o apropriado e o mais seguro deslinde de lides plurilocalizadas. Na construção destes andaimes, com a abertura oferecida pelo neoconstitucionalismo, Gustavo Monaco leva em conta as dimensões de unidade, sistematização e hierarquia, e os seus desafios, que caracterizam a pirâmide escalonada de normas de um ordenamento jurídico. Desse modo enquadra a função da cooperação internacional inerente ao papel do Direito Internacional Privado e a sua governança na temática da estrutura dos ordenamentos, ou seja, como diria Bobbio, trabalha a convergência e a complementaridade entre a estrutura e a função do Direito. É por esta razão que o seu livro é tanto uma contribuição que alarga os horizontes do Direito Internacional Privado quanto um válido empenho em trazer novos elementos para a Teoria Geral do Direito, associando estrutura e função.

Rigor e coerência são objetivos que permeiam este livro de Gustavo Monaco. Nesse sentido, imbrica-se com uma leitura do papel do positivismo jurídico e da sua contribuição à Teoria Geral do Direito, tal como elaborada por Norberto Bobbio. Com efeito, como observa Enrico Pattaro no ensaio "Per una Mappa del Sapere Giuridico" – que integra o volume de estudos sobre a Teoria Geral do Direito organizado por Uberto Scarpelli e dedicado a Norberto Bobbio, publicado em 1983 – na metodologia do neopositivismo de inspiração bobbiana, verdade é rigor. Aponta, também, Pattaro, que Bobbio observa que a linguagem do legislador não é necessariamente rigorosa. Por isso cabe ao jurista levar em conta que as normas jurídicas não são dadas prontas para o seu uso. Requerem uma visão jurídica formatada pelos juristas, que resulta de uma "purificação" da linguagem do legislador e que a completa.

Faço este registro porque entendo que *Controle da constitucionalidade da lei estrangeira* resulta de um empenho de

Gustavo Monaco na "purificação" do Direito Internacional Privado. Neste processo de "purificação" Gustavo Monaco se vale, para continuar com o Bobbio do texto sobre razão jurídica, inserido no seu *Contributi ad un dizionario giuridico*, da capacidade humana de raciocinar em todas as acepções (inferência, cálculo, argumentação), ou seja, dos procedimentos da lógica e da tópica. É com propriedade, discernimento e competência que Gustavo Monaco, no exercício da razão jurídica, trabalha neste livro, ao dar as suas razões em prol do controle da constitucionalidade no âmbito do Direito Internacional Privado. Daí a qualidade intelectual de *Controle da constitucionalidade da lei estrangeira*, que quero destacar na conclusão deste prefácio.

14

ARBITRAGEM: HOMENAGEM A GUIDO FERNANDO SILVA SOARES[1]

Este livro de estudos sobre arbitragem, coordenado por Selma Ferreira Lemos, Carlos Alberto Carmona e Pedro Batista Martins é uma homenagem à memória do prof. Guido F. da Silva Soares. Nada mais apropriado do que um volume com este tema para render tributo ao querido amigo e colega Guido, pois a arbitragem foi um tema recorrente da sua trajetória de internacionalista, diplomata, professor e advogado.

Na sua vertente de diplomata e cultor do Direito Internacional Público, Guido valorizava a arbitragem como um dos meios da solução pacífica de litígios e tinha apreço pela tradição brasileira neste campo. Nunca é demais lembrar que da arbitragem do caso *Alabama* (1872) participou, como um dos cinco integrantes do Tribunal Arbitral que se reuniu em Genebra, o visconde de Itajubá, designado pelo Brasil de D. Pedro II. O caso *Alabama* foi um marco na

---

[1] Apresentação ao livro coordenado por Selma Ferreira Lemes; Carlos Alberto Carmona; Pedro Batista Martins, *Arbitragem – estudos em homenagem ao Prof. Guido Fernando da Silva Soares, In Memoriam*, São Paulo, Atlas, 2007, p. vii-ix.

evolução da arbitragem internacional, dirimiu uma séria controvérsia entre os Estados Unidos e a Grã-Bretanha que dizia respeito às responsabilidades da Grã-Bretanha como um país neutro no correr da Guerra Civil Norte-Americana. Os procedimentos consagrados neste contencioso se viram confirmados pela prática internacional e subsequentemente codificados nas convenções que emanaram da primeira (1899) e da segunda (1907) Conferência de Paz de Haia e que trataram da arbitragem no âmbito da solução pacífica de controvérsias. Também cabe lembrar que o Brasil recorreu à arbitragem para dirimir contenciosos territoriais, e o Barão do Rio Branco – patrono do Itamaraty, que Guido integrou como diplomata – foi o bem-sucedido advogado do Brasil tanto na arbitragem da questão de limites com a Argentina quanto na da Guiana Francesa.

O *case law* das arbitragens internacionais contribuiu, no correr dos anos, para clarificar o Direito Internacional Público com destaque para certos temas como o da delimitação de territórios, o da responsabilidade internacional e o da interpretação de tratados, assuntos que eram parte constitutiva das preocupações de Guido. Também ensejaram a inovação do Direito Internacional Público. É o que paradigmaticamente ocorreu com o *Trial Smelter Case* (1938, 1941), controvérsia entre o Canadá e os Estados Unidos que dizia respeito à poluição atmosférica transfronteiriça na qual esta arbitragem preencheu lacunas no ordenamento jurídico internacional, recorrendo por analogia a decisões da Corte Suprema dos EUA e do Tribunal Federal Suíço. A decisão do *Trial Smelter* é considerada o ponto de partida do Direito Internacional do Meio Ambiente. A ela Guido faz muitas menções nas suas obras consagradas ao Direito Internacional do Meio

Ambiente, matéria que estudou em profundidade e da qual foi a grande referência no meio jurídico brasileiro.

Controvérsias entre um Estado e particulares estrangeiros também têm sido um dos campos da arbitragem, no âmbito do qual se combinam elementos de arbitragem pública e privada. Uma decisão marco nesta área é a da *Aramco* (1958), que versou sobre um contencioso entre o governo da Arábia Saudita e a Arabian American Oil Company (Aramco) sobre direitos exclusivos de transporte de petróleo. Guido examinou esta faceta da arbitragem no seu livro de 1977, *Concessões de exploração de petróleo e arbitragens internacionais.*

O interesse de Guido pelo Direito Internacional Privado e pelo Direito do Comércio Internacional o levou naturalmente a examinar, num mundo que se globaliza, a arbitragem comercial internacional, que diz respeito a controvérsias privadas com componentes internacionais. Esta modalidade de arbitragem é hoje, reconhecidamente, uma prática frequente e de largo alcance.

A Lei n⁰ 9.307, de 23/9/1996, abriu inovador espaço para a arbitragem como meio jurídico de solução de litígios no plano interno do Direito brasileiro, espaço para o qual Guido contribuiu como estudioso e advogado. Parte significativa dos estudos reunidos neste volume foi instigada pelos caminhos abertos pela Lei n⁰ 9.307.

Em síntese, esta pequena nota tem apenas um objetivo: mostrar como, no mapa dos múltiplos interesses de Guido, a arbitragem é um tema recorrente. Daí a pertinência, a justeza e o significado deste volume de estudos em homenagem à sua memória que seus alunos, amigos e admiradores, coordenados por Selma Ferreira Lemos, Carlos Alberto Carmona e Pedro Batista Martins, se reuniram para fazer.

Permito-me concluir com uma nota pessoal. Conheci Guido e ficamos amigos no início dos anos 1970 quando começamos a lecionar na Faculdade de Direito da USP. Tivemos o apoio e o patrocínio do prof. Vicente Marotta Rangel e fomos beneficiados pela sua inspiradora orientação de grande internacionalista. Guido era um esplêndido ser humano. Tinha as virtudes da simplicidade e da boa-fé. Foi um colega muito querido e um grande professor. Gostava do contato com os alunos e tinha a vocação de *scholar*. Era um homem de cultura e de gosto. Pude apreciar as suas qualidades de diplomata quando serviu em Genebra no período em que me coube, como Embaixador, chefiar a Missão do Brasil junto à ONU, à OMC e os outros organismos internacionais sediados naquela cidade. Trabalhamos juntos mais recentemente na criação, na USP, do curso de Relações Internacionais e também na construção de uma área própria, multidisciplinar, de Direitos Humanos na pós-graduação da Faculdade de Direito da USP. Escreveu, a meu pedido, para a revista *Política Externa* (vol. 12, nº 1, junho, julho, agosto de 2003), no contexto da intervenção norte-americana no Iraque, um artigo de grande densidade intitulado Legitimidade de uma guerra preventiva em pleno 2003? Evoco estas lembranças de afinidades e atividades compartilhadas para ilustrar como Guido deixa em todos nós que o conhecemos grandes saudades e, no plano intelectual e institucional, um vazio difícil de ser preenchido.

PROCEDÊNCIA DOS TEXTOS

Parte I – Direito Internacional Público

(1) A Declaração Universal dos Direitos Humanos – sua relevância para a afirmação da tolerância e do pluralismo. In: MARCÍLIO, Maria Luiza (Org.). *A Declaração Universal dos Direitos Humanos – sessenta anos:* sonhos e realidades. São Paulo, Editora da Universidade de São Paulo, 2008, p. 27-43.

(2) Descaminhos do Mercosul – a suspensão da participação do Paraguai e a incorporação da Venezuela: uma avaliação crítica da posição brasileira. *Política Externa,* v. 21, nº 3, São Paulo, HMG Editora/Mameluco Edições, jan.-fev.-mar. 2013, p. 19-27.

(3) Prefácio ao livro de André Lipp Pinto Basto Lupi. *Os métodos no direito internacional.* São Paulo, Lex Editora, 2007, p. 11-18.

Parte II – Direito Internacional Econômico

(4) Tradução feita por Lavinia Porto Silvares Fiorussi, e por mim revista, do prefácio escrito em inglês a Roberto Kanitz. *Managing multilateral trade negotiations:* the role of the WTO Chairman. London, Cameron, May 2011, p. VII-XXIX.

(5) Reflexões sobre a inserção do Brasil no sistema de solução de controvérsias da OMC. In: CELLI JUNIOR, Umberto; BASSO, Maristela; AMARAL JUNIOR, Alberto do (Coord.). *Arbitragem e comércio internacional:* estudos em Homenagem a Luiz Olavo Baptista. São Paulo, Quartier Latin, inverno de 2013, p. 933-969.

(6) Prefácio ao livro de Tatiana Lacerda Prazeres. *A OMC e os Blocos Regionais.* São Paulo, Aduaneiras, 2008, p. 11-19.

(7) Prefácio ao livro de Adriana Dantas. *Subsídios agrícolas* – regulação internacional. São Paulo, Saraiva, 2009, p. xv-xvii.

(8) A conferência da UNCTAD. In: *O Estado de S.Paulo,* Espaço Aberto, p. A2, 20/6/2004.

(9) Variações sobre a OMC versão ampliada do artigo À espera de Doha, OMC mantém relevância. In: *O Estado de S.Paulo,* Espaço Aberto, p. A2, 18/8/2013.

(10) Comércio e finanças na economia internacional. In: *O Estado de S.Paulo,* Espaço Aberto, p. A2, 16/10/2011.

(11) OMC – presença e persistência, versão ampliada do artigo publicado in *O Estado de S.Paulo,* Espaço Aberto, p. A2, 21/12/2014.

Parte III – Direito Internacional Privado

(12) Prefácio ao livro de Jacob Dolinger. *Direito e amor e outros temas*. Rio de Janeiro: Renovar, 2009, p. VII-XIV.

(13) Prefácio ao livro de Gustavo Monaco. *Controle de constitucionalidade da lei estrangeira*. São Paulo, Quartier Latin, inverno de 2013, p. 13-19.

(14) Apresentação ao livro coordenado por Selma Ferreira Lemes; Carlos Alberto Carmona; Pedro Batista Martins. *Arbitragem* – estudos em homenagem ao Prof. Guido Fernando da Silva Soares, *In Memoriam*. São Paulo, Atlas, 2007, p. vii-ix.

Formato	17 × 24 cm
Tipologia	Iowan 11/15
Papel	g/m² (miolo)
	Supremo 250 g/m² (capa)
Número de páginas	232
Impressão	Gráfica Imprensa da Fé